脱・オバサン顔!
1分間毒出し顔トレ

Micaco

集英社

目次

第3章

たるみ・シワ・ほうれい線…お悩み別・顔筋トレ

第4章

習慣化で、ファンデいらずの素肌美人に！

はじめに

この本は、私が40代に突入してから訪れた「見た目の老化」がきっかけで生まれました。

もともと私は、産後ダイエットで17キロ痩せた経験を元に、骨盤メソッド「インスパイリング・エクササイズ」を考案していました。有名女優の産後ダイエットの成功で注目を浴び、骨盤ダイエットの火付け役に。女性らしいボディラインを作るボディライン・アーティストとして延べ3万人以上の身体をみてきました。

そんな私がＮＨＫの「きれいの魔法」という番組に毎年出演させていただいていたなかで、ある年、自分の顔の変化に愕然としたんです。顔が長くなりたるんで垂れ、おまけに目が小さくなっている‼美のプロフェッショナルとして、まさにピンチ！　年齢を重ねるにつれ、ボディへのアプローチだけではなく、顔も身体と同じように、リメイクしなければいけないことに気がついたのです。

「骨盤」と「顔」は連動していると言われています。そこで、インスパイリング・エクササイズを顔に応用した独自のメソッドを考案。スッピンでいられる若々しい顔に自らが変わることができました。

老け顔になる理由はいろいろありますが、なかでも、顔の「骨の周りにたまった毒素」、「筋肉の衰え」が大きな要因になります。

それらを解消するために、たまった毒素を取り除きデトックス、そして顔の筋肉を鍛えることで、みるみる変わっていきます。老け顔を解消することは、何歳からでも可能なのです。おまけに相乗効果で肌もキレイになり、ファンデーションいらずに。

劣化したボディラインや顔を、服やファンデーションでごまかすのは、「隠す」ことを繰り返しているだけ。身体も顔も「素」の美しさを磨くことがM・i・c・a・c・o流。美へのひと手間を習慣化して変化を起こしましょう。

　みなさん、毎日の生活で顔を洗わない人はいませんよね。「1分間毒出し顔トレ」「顔筋トレ」は、朝晩、洗顔のついでにたったの1分。特別な道具もいらなければ、どこでもできるのが特徴です。だから習慣化することができるのです。私のレッスンに来てくれる生徒さんに実践してもらうと大好評。簡単で覚えやすいので、どんなにエクササイズが苦手な人や続かない人でも、短期間で美の変化を実感していただけます。

「女性は何歳からでも必ずキレイになれる」そんな私の信念から、さらに多くの方にも知っていただきたく、この本をお届けします。

第1章

あなたは、なぜ老けて見えるのか？

なぜ老けて見えるのか？

電車の窓に映る自分の顔が恐くて、目を背けたことはありませんか？　電車の窓は「未来の自分を映し出す鏡」とも言われ、蛍光灯の青白い光が上から下へ照らすため、顔色を悪く見せ、老け顔のサインが影を作り、強調して映し出されるからです。そのサインはいろいろありますが、**顔が長くなり大きくなった、目が小さくなった、肌の表面に凹凸ができた、あごのラインを見失う、鼻の下が長くなる、頬が下がる、シワ・ほうれい線ができる、口角が下がる、ゴルゴライン・マリオネットラインができる、ファンデーションがシワに入り込む、顔色が悪い**など左のような状態です。これらのサインを知っておくことが、老け顔を退治する第一歩です。では、老け顔のサインは、いつの間に、なぜできてしまうのでしょうか。

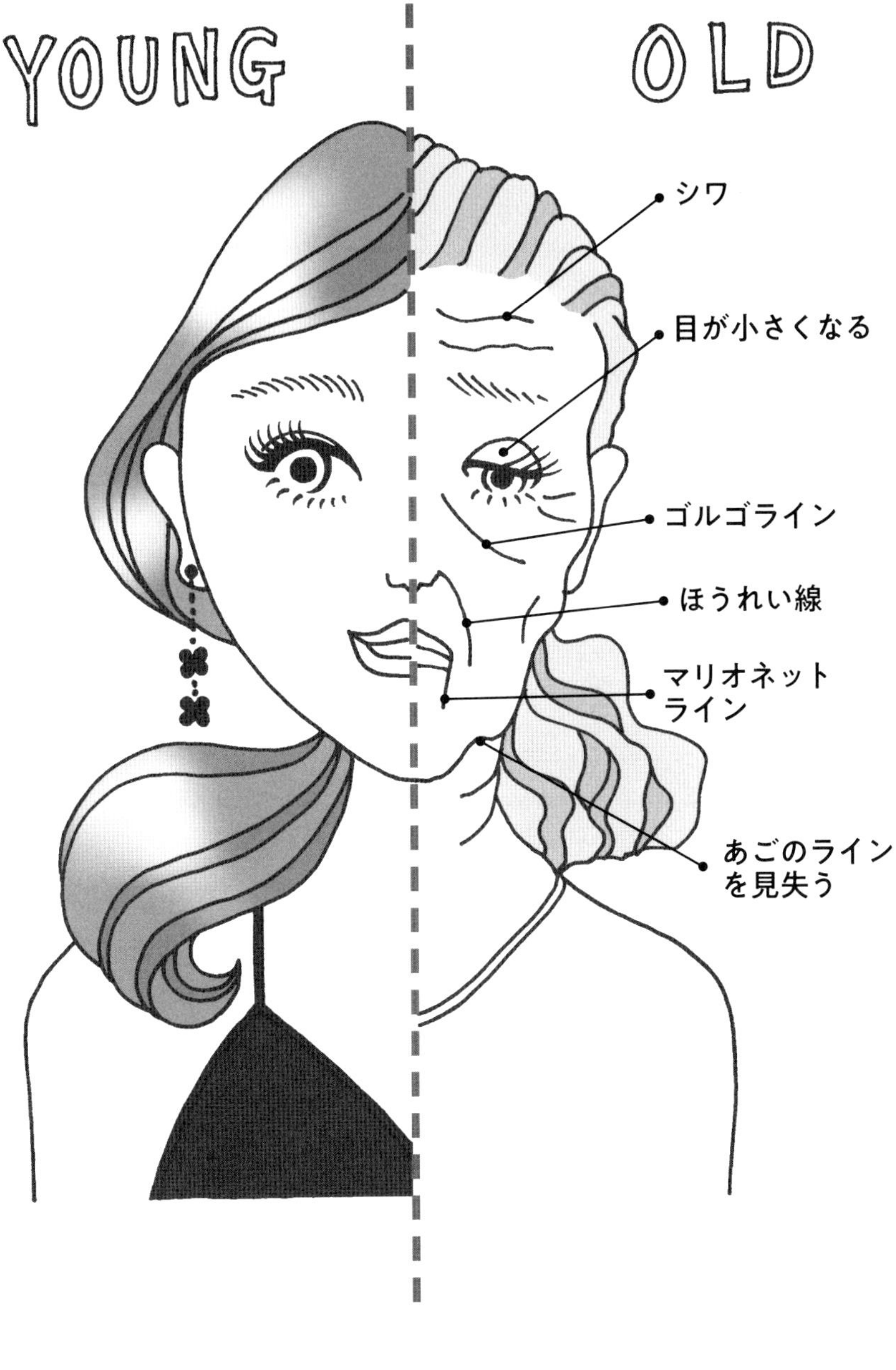
YOUNG
OLD
シワ
目が小さくなる
ゴルゴライン
ほうれい線
マリオネット
ライン
あごのライン
を見失う

1

ファンデーションを使い続けると、毛穴が広がる

毛穴に埋め込んだファンデーションにより、よけいに毛穴が広がり、皮膚をたるませ、顔のたるみに。

2

骨の周りに付着した、毒素の滞り

顔は体と違って運動量が少なく、刺激を与えづらい場所なので、毒素がたまり滞りがち。むくみ、たるみ、下垂、表面の凹凸、顔色の悪さなどに現れ、顔の印象を大きく変えてしまいます。

3

顔の筋肉の衰え

体と同じでたるみや下垂の原因に。引き締まったフェイスラインを失い、口角やほおを下げ、目が小さくなって……ブルドッグ顔に。

4 女性ホルモンの減少による、顔の骨の萎縮

更年期を境に減少し、骨密度が低下。顔の骨も萎縮し、たるみの原因に。目がくぼみ、ほおや額を始め立体感を失い、パーツにも影響。

5 肌を構成する表皮、真皮の衰え

肌の細胞が生まれ変わるターンオーバーのサイクルが、加齢とともに遅くなり、通常28日周期のところ、40代では40日周期に。表皮がごわつきくすんだ顔色に。真皮の主成分コラーゲン、エラスチン、ヒアルロン酸は25～30歳をピークに減少し、弾力、ハリ、みずみずしさ、透明感を失う。紫外線による光老化も大きな原因。

これらの老け顔をつくる要因は、放っておけば蓄積する一方です。

私のメソッドを実践して老化を食い止めましょう！

肌年齢なんとマイナス15歳！「奇跡の52歳」の肌を分析

東京・六本木わかばクリニック　工藤清加院長

Micacoさんは毎年誕生月に、肌年齢の測定にいらっしゃいますが、めったにいない美肌の持ち主だと思います。

左の表にある「水分値」と「油分値」は、いちばん乾燥しやすい目とほおの辺りで測りますが、ハリがあってみずみずしく、ふっくらしたお肌です。「明るさ」は数値が大きいほど明るく白い肌であることを示しています。「色素沈着総面積」は少ないほどシミの少ない肌である証し、毛穴もシワも、同年代に比べて圧倒的に少ないですね。

肌年齢36歳とありますが、これは機械の設定が実年齢マイナス15～16歳を下限にしてあるためで、実際には「33歳」くらいの若さだと思います。

美肌ランク評価(2019年4月測定)

評価項目	同年齢平均値	測定値	ランク	肌年齢
水分値	64	76	★★★★★	36
油分値	8	35	★★★★★	36
明るさ	59	65.9	★★★★★	36
色素沈着総面積	194	30	★★★★★	36
毛穴数	1323	197	★★★★★	36
しわ数(目下)	10	1	★★★★★	36

Micacoさんの美肌の秘訣はふたつあります。

ひとつは、きちんと運動をして、顔を含めた体の筋肉をよく動かしているので、血行やリンパの流れがよくなります。肌の老化と血行は密接な関係があるのです。

ふたつめは、乾燥しやすい自分の肌質をよく理解して、肌に合ったスキンケアを実践していること。美容だけでなく、食生活にも相当気をつかって、内側からも保湿を心がけているのがわかります。

お肌の総合評価

良い点	ウィークポイント
お肌がしっとりしている お肌が潤っている お肌が明るい 色素沈着が少ない 毛穴が目立ちにくい しわが少ない	特に見当たりません Perfect!!

年齢とともに、使わない筋肉はどんどん衰えていきます。筋肉を動かすと、アンチエイジングはもちろんのこと、「若返り」の化学物質が出るというのは研究でも実証ずみです。顔をひっぱる、こするは逆にシワ・たるみの原因になりますが、正しい方法でのマッサージならどんどんやって、Micacoさんのような五つ星の肌を目指しましょう。

第2章

1分間毒出し顔トレで、マイナス15歳顔に

劣化は止められる！

顔を劣化させる大きな要因に、**「骨の周りにたまった毒素」**があります。前述したようにこの毒素は、顔の凹凸、むくみ、たるみ、顔色の悪さなど……様々な老け顔のサインを作ります。

みなさんの中には「顔に強く触れるとたるみの原因になるので、あまり触らないようにしている」という人もいると思いますが、それは間違いです。確かに肌表面をこすったらシワの原因になりますが、顔は運動量も刺激も少ないので骨の周りに毒素がたまりがちな上に、触らず長年放置するから蓄積して劣化に進行。たまった毒素をかき出して流し、退治する習慣で、引き締まった無駄のない顔と輝く肌が手に入ります。そのうえ、骨を強く刺激することでコラーゲンを生成し、骨密度を高めます。

老け顔を防ぐには、骨にアプローチすることが、高価な化粧品を塗るより実は近道です。

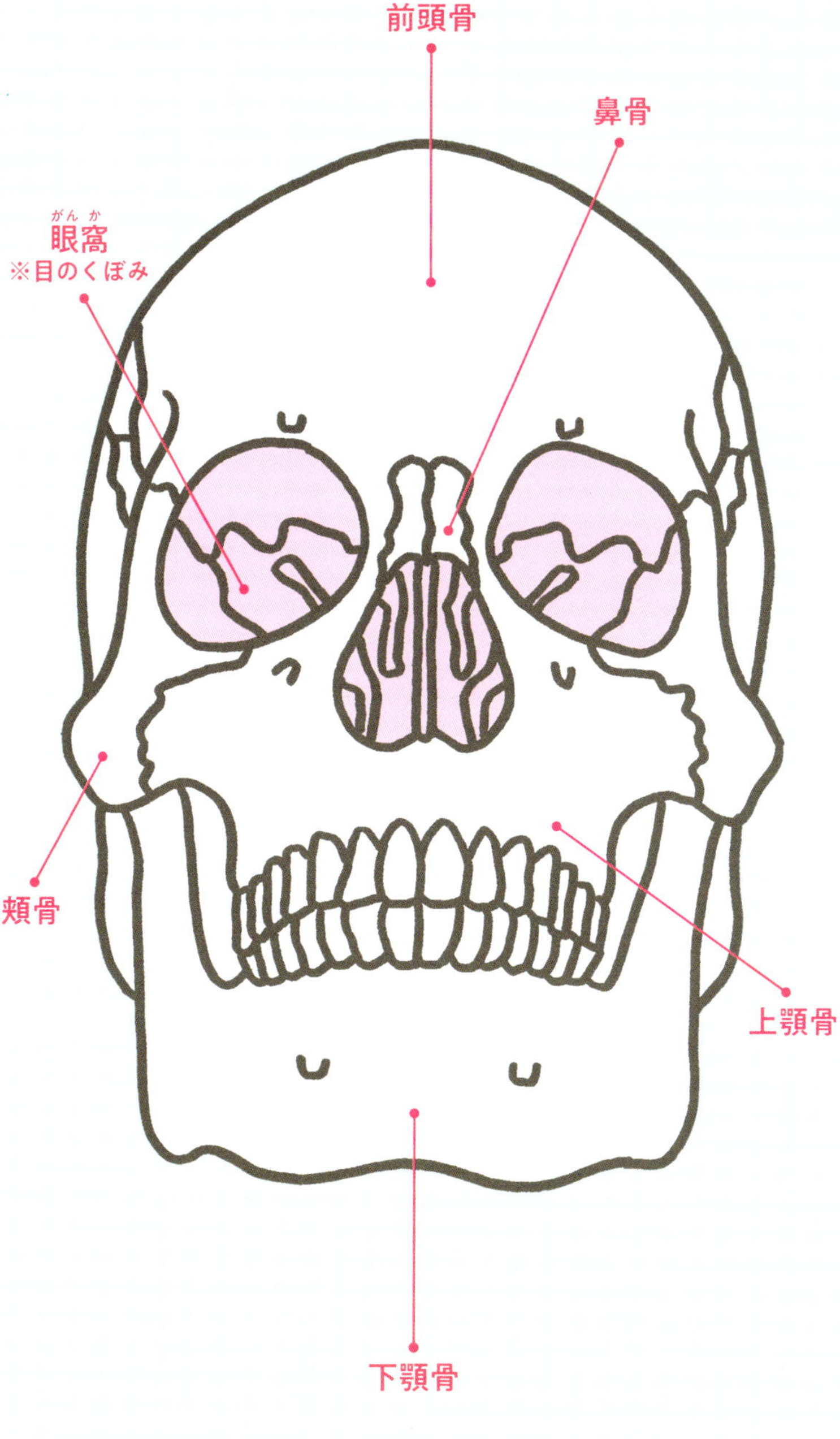
前頭骨
鼻骨
眼窩《がんか》
※目のくぼみ
頬骨
上顎骨
下顎骨

洗顔ついでに朝晩たった1分！

「1分間毒出し顔トレ」で必要なものは、自分の指と馬油・水だけ。朝晩の洗顔時に、ついでに1分プラス。顔を洗わない人はいないので、誰でも習慣にしやすいところが魅力です。道具はいらず、場所も選びません。鼻や鼻下など狭い部分は、第一関節で、ほおや額など広い部分は第一・第二関節の間など、場所により多少つかう指の部位が変化しますが、覚えてしまえば単純で簡単です。馬油を肌に塗ってから、水スプレーを吹きかけると指の滑りがよくなります。馬油は人間の肌にかなり成分が近いと言われていて、肌がゴクゴクと吸収します。水は導入の役割も果たしてくれるので、水分を取り込みながら浸透を高め、みずみずしくふっくらとした肌に導いてくれます。

水スプレーは温泉水や、ピュアミネラルウォーターでできたミストタイプの化粧水がおすすめ。旅行先などで、どうしても馬油が手元にない場合は、たっぷりの乳液でも代用できますよ。

1

馬油を指にとり、顔と首にのばす

2

水スプレーを吹きかける

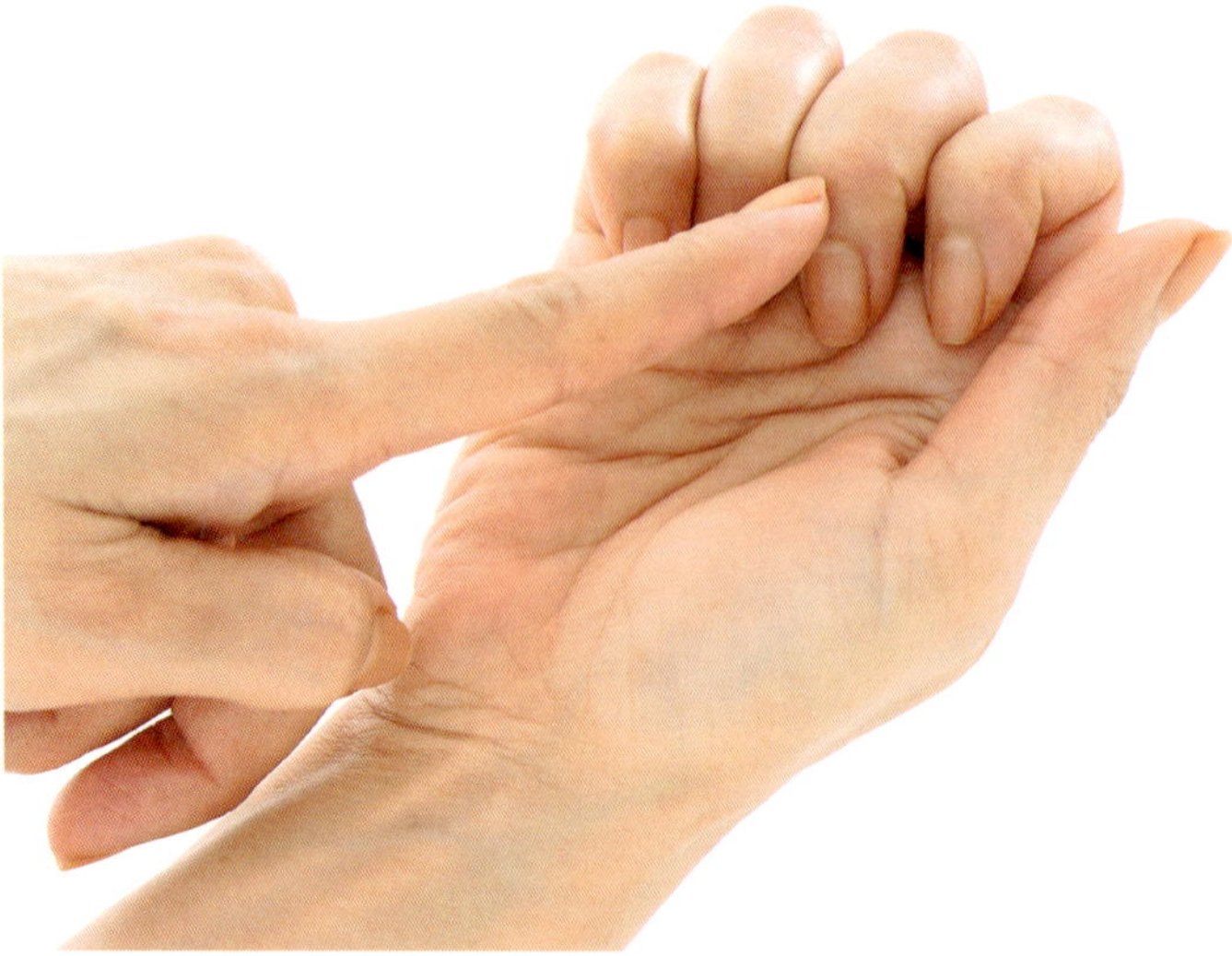

鼻など狭い部分は、指の第一関節の先で

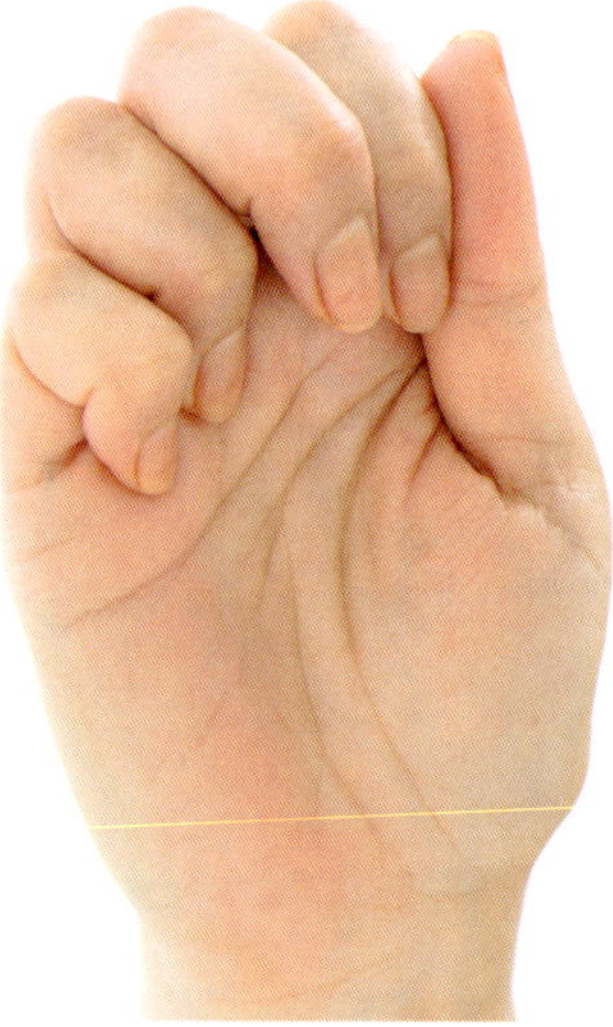

ほおなど広い部分は、第一関節と第二関節の間で

力加減は、どのくらい？

「1分間毒出し顔トレ」で最初に一番注意していただきたいことは、手指のつかい方と力加減です。肌の表面をこするとシワの原因になるので、肌の下にある顔の「骨」をしっかり捉えてから、動かしてください。力は、かなり強く入れます。目安は、床のぞうきんがけをするときと同じくらいです。

最初は毒素がたまっているために「痛い！」と感じる人がほとんどですが当然です。痛いからといって力を抜いてしま

ぞうきんがけのイメージで、力を入れて

痛いほど、あなたの顔は毒素だらけ

ったら、顔トレの効果が激減します。

「痛い！」＝「その場所に毒素がたまっている」という信号なので、最初は少しだけ我慢して、痛くてもたまった毒素をかき出すようなつもりでトライしてください。毒素が取れてくると、痛みはまったくなくなります。長くても1週間ほどで毒素は抜け、刺激は痛みではなく心地よさに変わります。

さあ、いよいよ「1分間毒出し顔トレ」の開始です！

不安がある人は毎月開催のレッスンへGO!

1時間で完全に習得できます

「1分間毒出し顔トレ」を直接レクチャーしてほしい方には、毎月開催しているレッスンに参加していただくことができます。20代半ばから60代まで、幅広い年齢層の方が参加。レッスンは、直接私が顔に触らせていただき、力加減や手順をお教えする他、図解で説明したり、動画を撮っていただくなど、楽しく覚えやすいと評判です。毒素がたまっている人ほど最初は「痛い!」と声を上げていますが、終わるとスッキリ。効果を実感して喜びの笑顔で帰られます。モチベーションも高まるみたいです。

レッスン情報はこちらを。→

1

鼻わき

鼻筋の通った小鼻をつくる

中指の第一関節をつかって

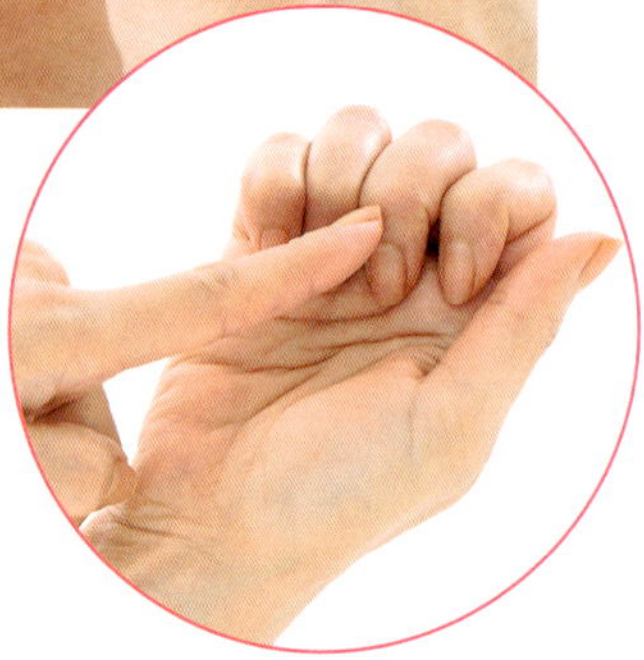

骨の周りに付着した、たまった毒素をかき出すことで、鼻筋が通ってスッキリ。中指の第一関節を両鼻わきにあて、外側から内側に向かって、鼻を高くするように、骨をゴリゴリ押します。上から下へ5回を2セット。続けるうちに、団子鼻とさよならできます。力を入れるポイントは、内側に向かって。指は左右にジグザグに動かします。

上から下へ
5回×2セット

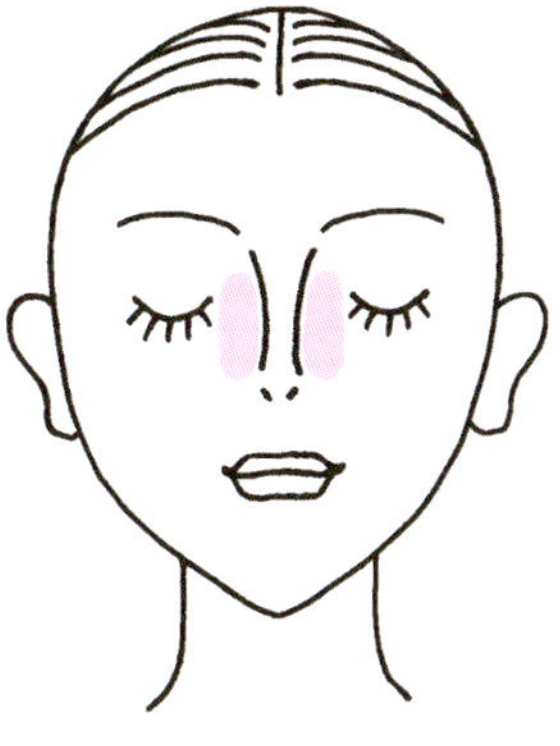

2

鼻下

若々しく引き締まった口元をつくる

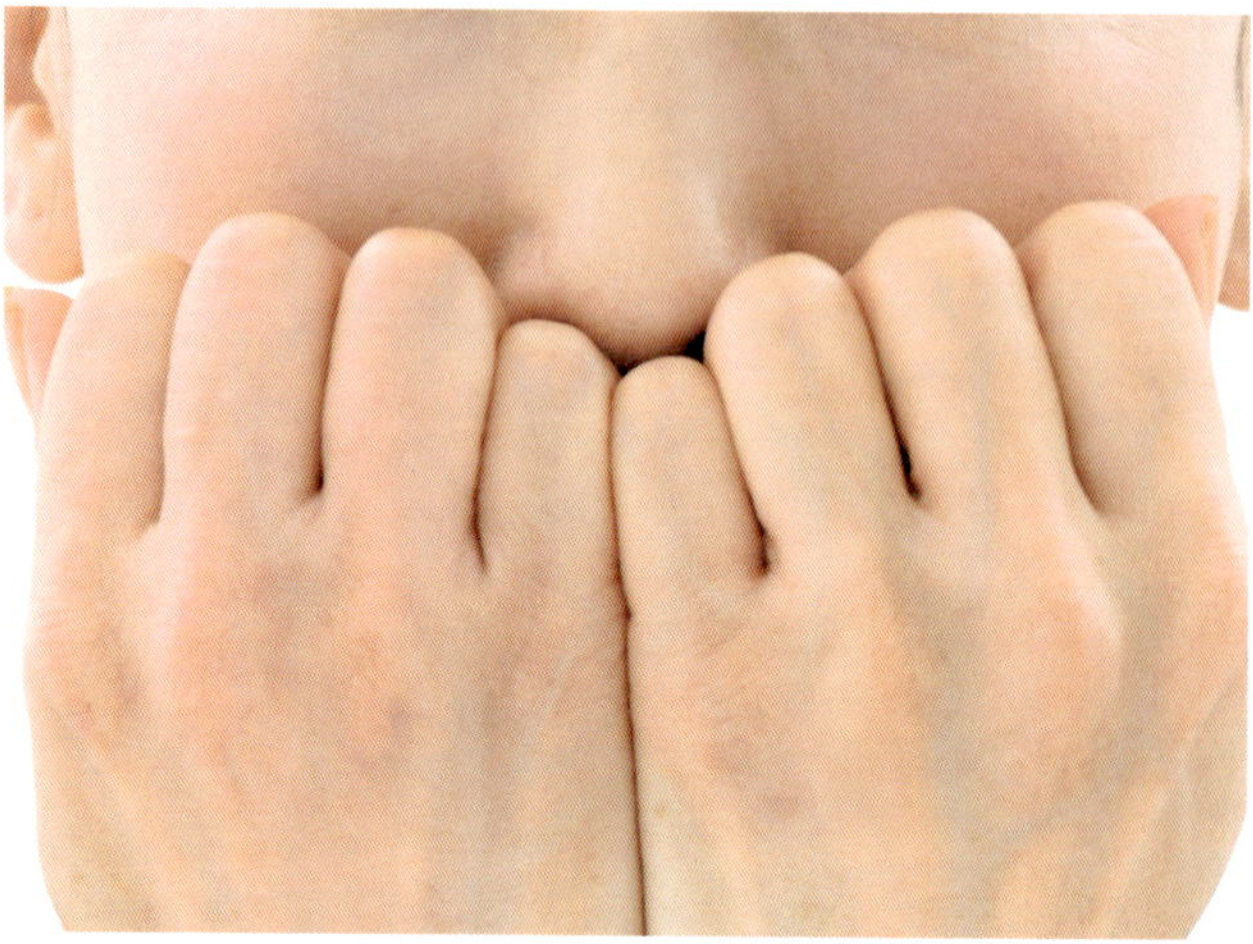

人差し指、中指、薬指の第一関節をつかって

鼻下は顔の中でも日常生活でほとんど触らないため、毒素がたまりやすい場所。年齢とともに鼻下が伸び、間延びした印象に。余分な毒素を取り去ることで、鼻下が縮まり、若々しい印象になります。人差し指、中指、薬指の第一関節で、上から下へ5回。手は上下に往復していますが、圧をかけるポイントは、上から下へ降ろすときです。

上から下へ
5回×1セット

鼻下の
骨をとらえて
ゴリゴリ

ここを攻める!

3

あご

シャープなあごでキリリと小顔に

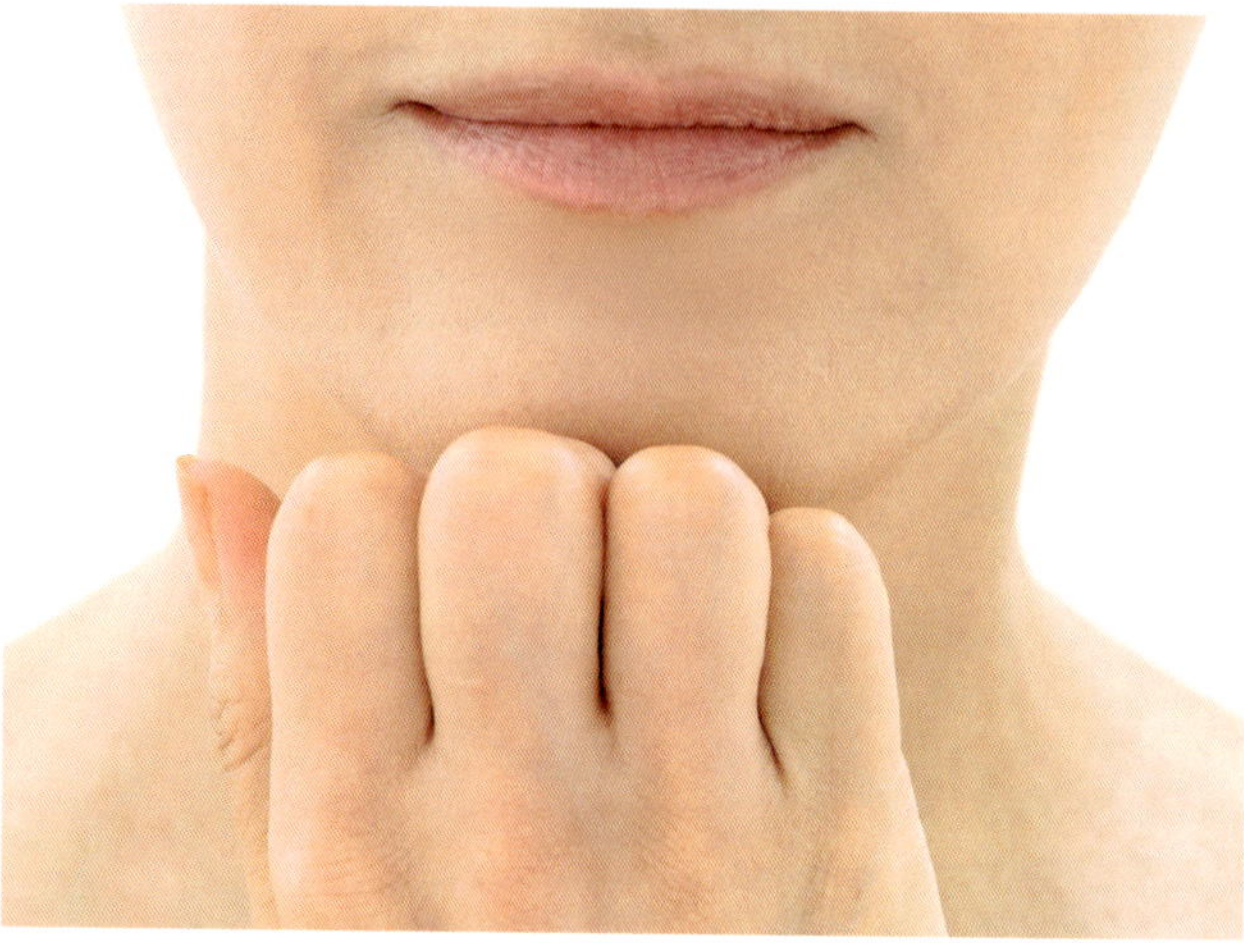

人差し指、中指、薬指の第二関節で

あごの中央にある、ぷにょぷにょした肉の大きさが顔の大きさや印象に影響します。あご肉をつぶすように、人差し指、中指、薬指の第二関節でしっかりとらえ、一点を押さえたまま左右に揺らし、あご肉の奥にある骨をイタ気持ちよく刺激、たまった毒素を除去します。左右に5往復を。継続していくとシャープで滑らかなあごが形成され、表情が引き締まり小顔効果も。

左右に5回
揺らす×1セット

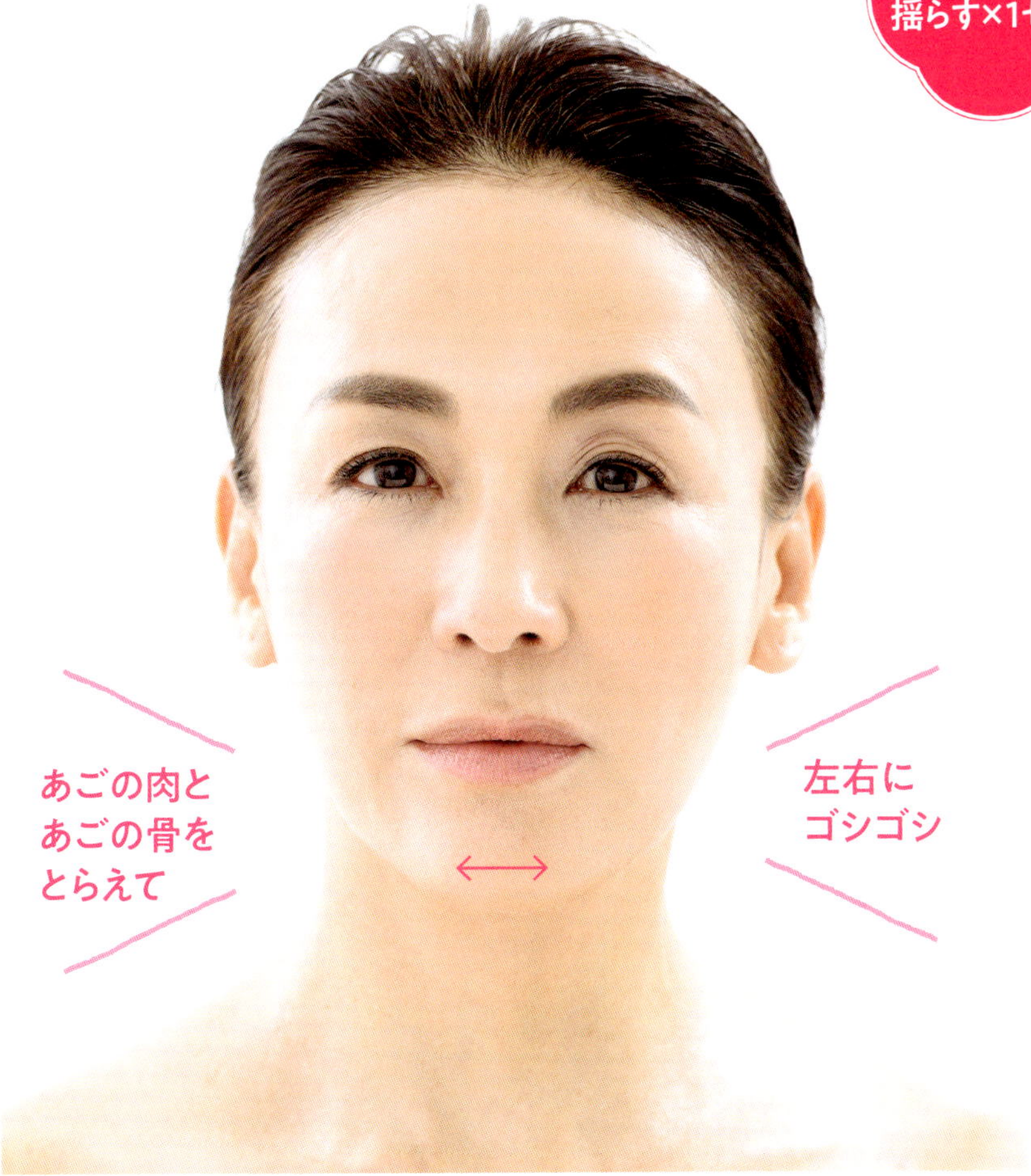
あごの肉と
あごの骨を
とらえて
左右に
ゴシゴシ

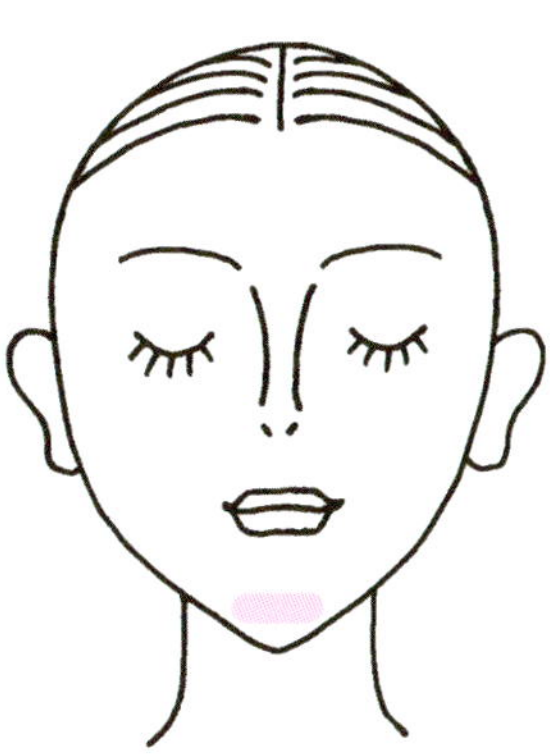

ここを攻める!

4 フェイスライン

ブヨブヨあごを引き締めて脱オバサン顔

輪郭がくっきりすると若々しく、首との境目がぼやけ、輪郭がたるむと老け顔に。指を折り曲げ人差し指と中指であごの骨を挟んでとらえ、あごから耳下までを3等分し、1カ所につき内から外へ3回を3セット。骨をゴリゴリ押し、毒素を撃退！キュッとしたフェイスラインに。

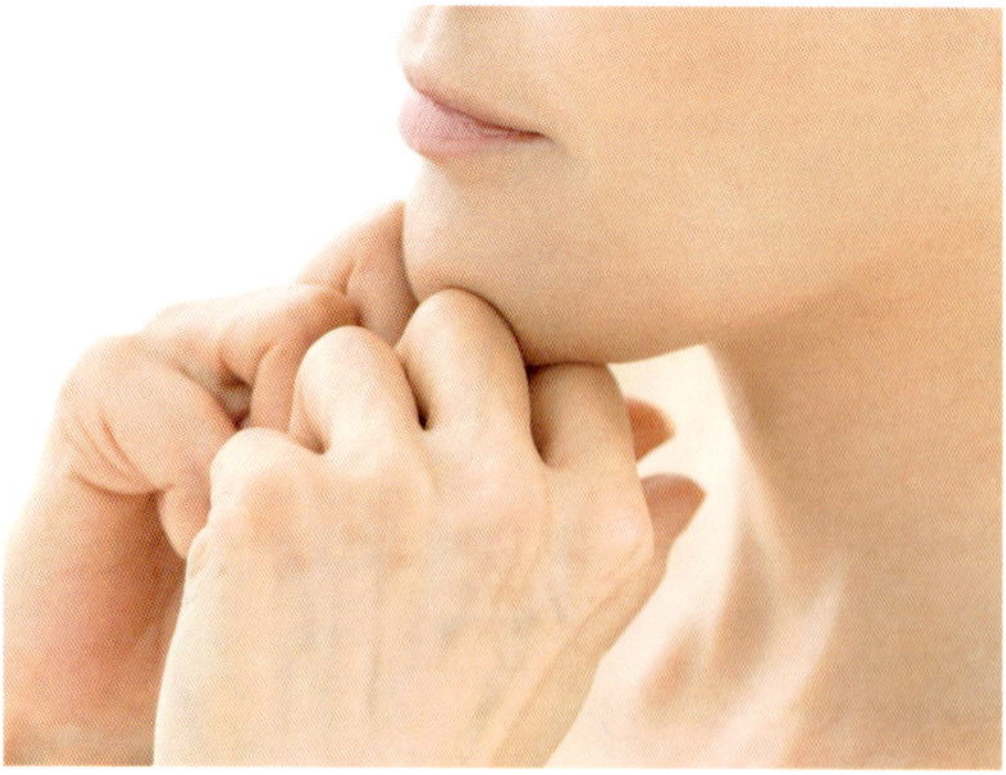

人差し指と中指の間に、顎の骨をガッチリ挟む

1

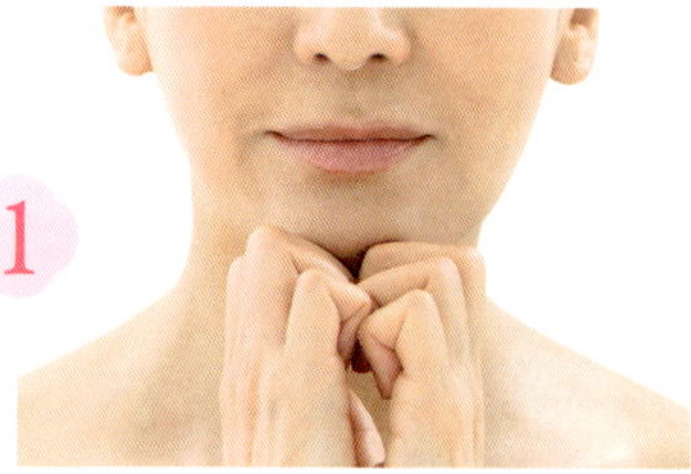

あごの中央から左右スタート

2

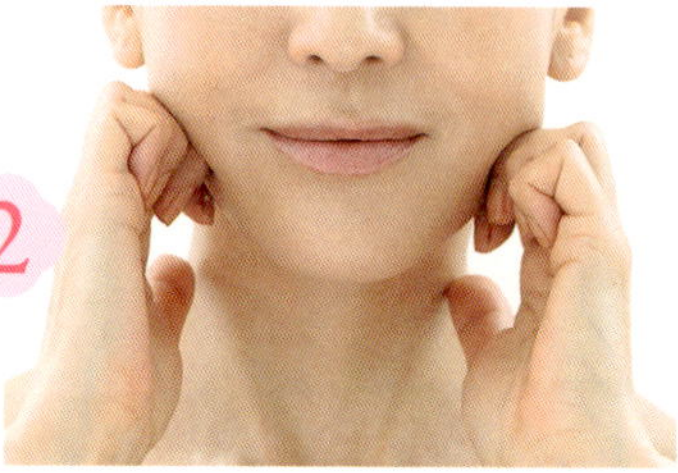

口の横、人によってはかなり痛い

3

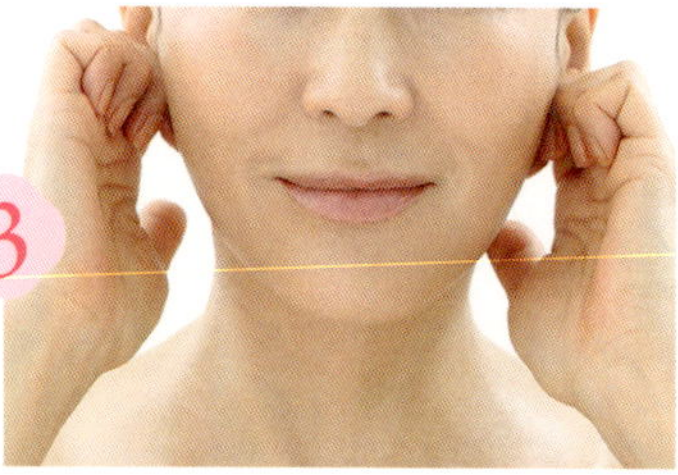

がまんして、耳下まで

下から上へ
3回ずつ3カ所
×3セット
フェイスラインの
骨を2本の指で
ガッチリ挟んで

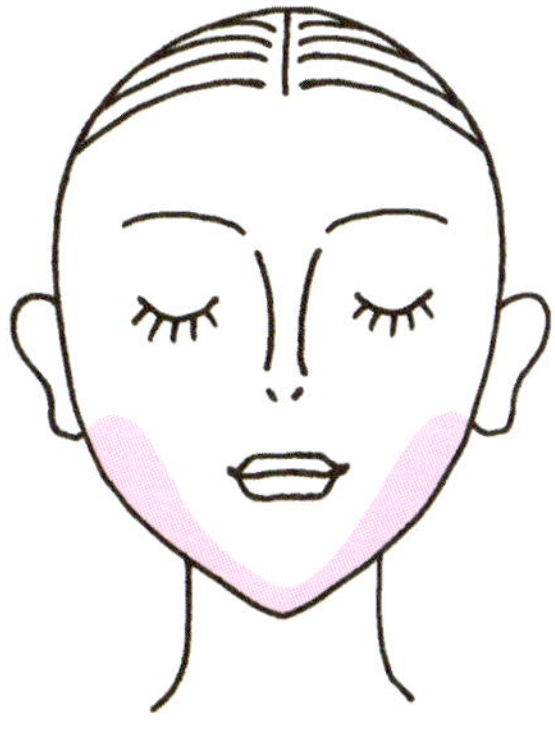
ここを攻める!

5

ほお骨の下

間延びしがちな顔を短く

出っ張ったほお骨の下にはくぼみがあり、毒素がたまりやすく、顔の下半分が垂れるとブルドッグ顔に。ほお骨の下にグーにした手をグッと入れ、人差し指、中指、薬指の第二関節で毒素をかき出すように、小刻みに内側から外側へスライドさせます。内側、中央、外側と分け、各3回ずつ。ほお骨をとらえ手を滑らすのがポイント。顔の下半分を引き締め卵顔に。

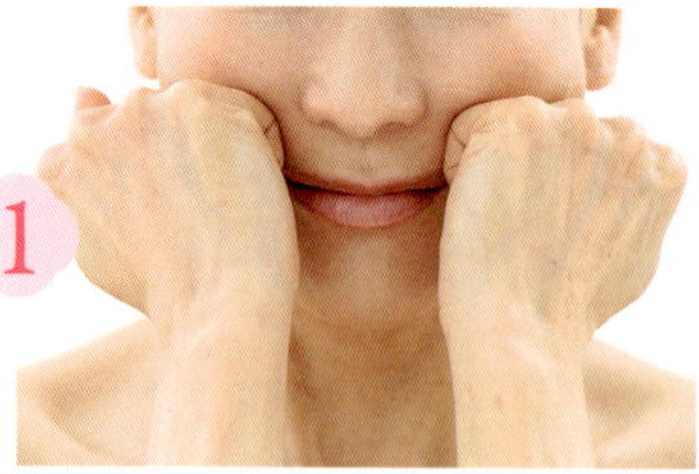

1

内側から中央に向けて３回

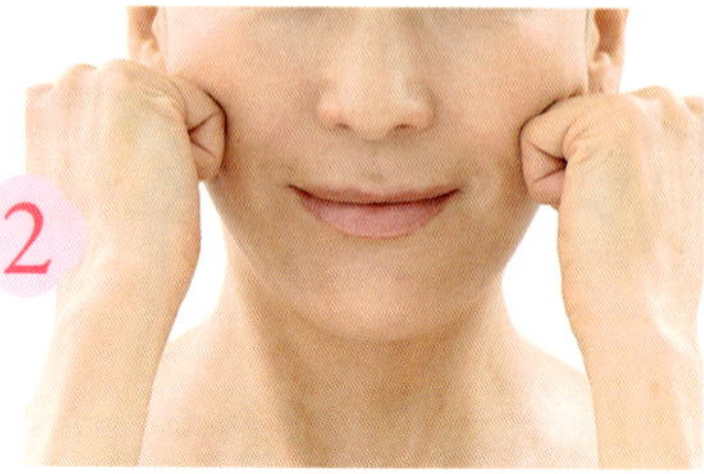

2

中央部分を３回

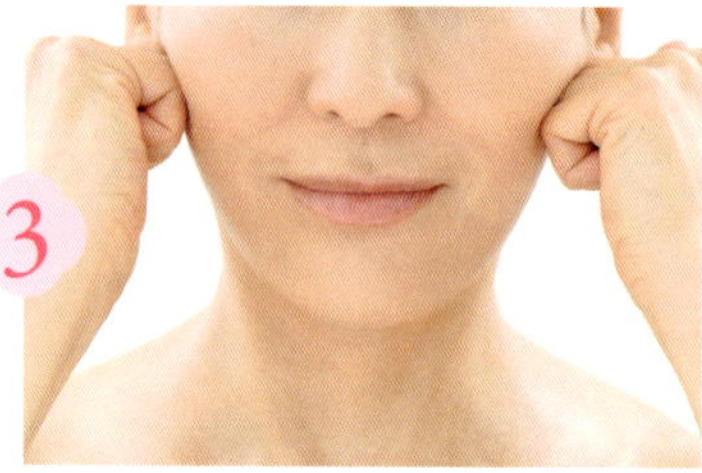

3

中央から外側に向けて３回

内から外へ
3カ所を3回
×1セット
ほお骨の
くぼみに
第2関節を
かませて

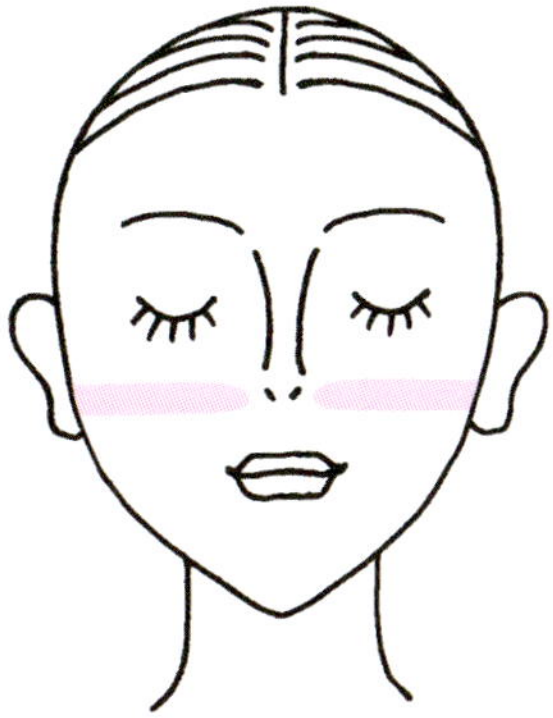
ここを攻める!

6

ほお骨

ほお骨を高くして「若見え顔」に

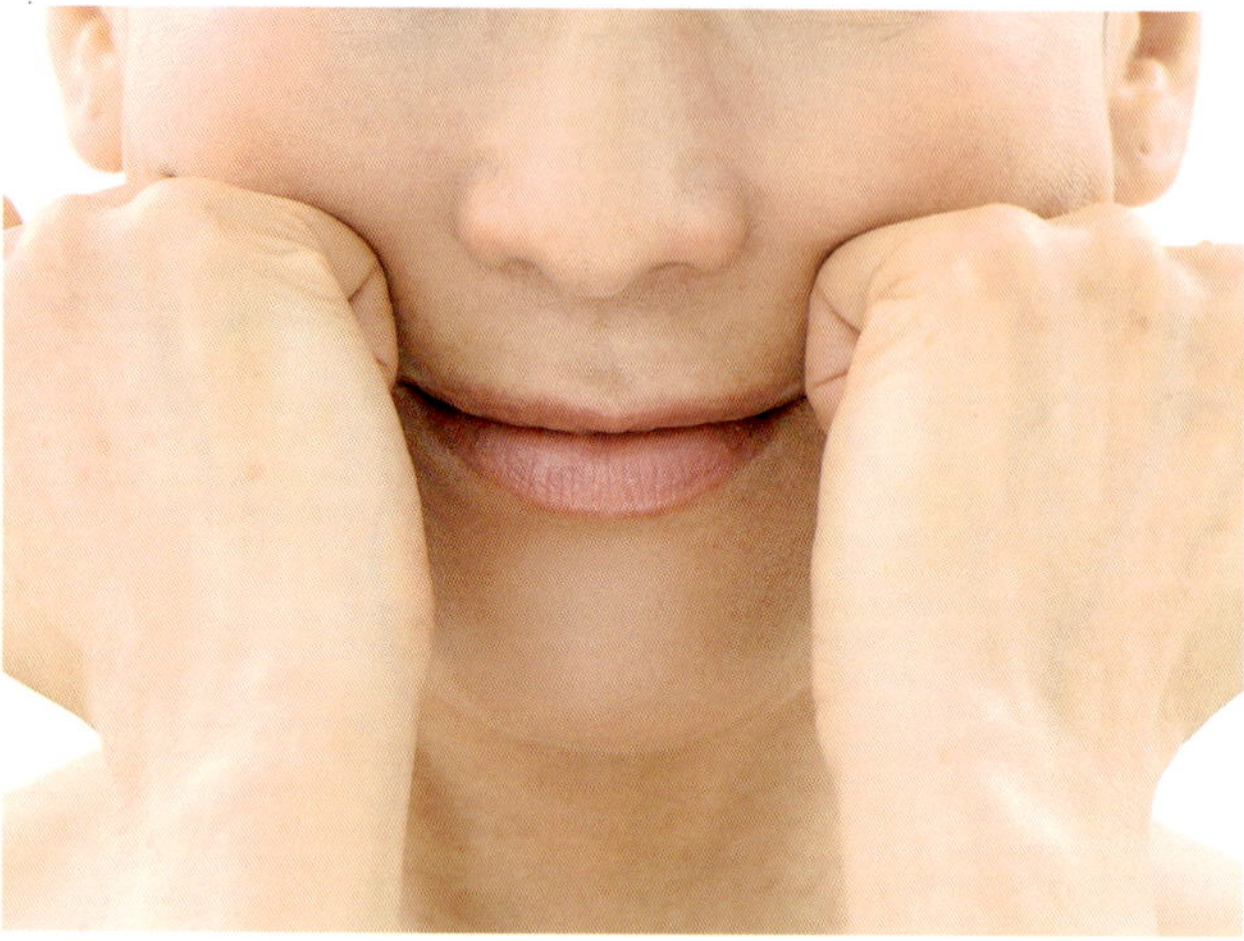
両ひじに頭の重みを乗せるイメージで

ほおの位置が高ければ高いほど若く見え、ほおを頂点に顔の中にふっくらハート型が描けるとリフトアップして見えます。グーにした手の第二関節をほお骨の下にグッと入れ、ゆっくり5秒押し上げて。強さは、両ひじを机についで頭の重みを乗せ、そのまま頭を脱力する力加減が目安です。ほおが高いと、表情にツヤ感も宿ります。

5秒押さえる
×1セット

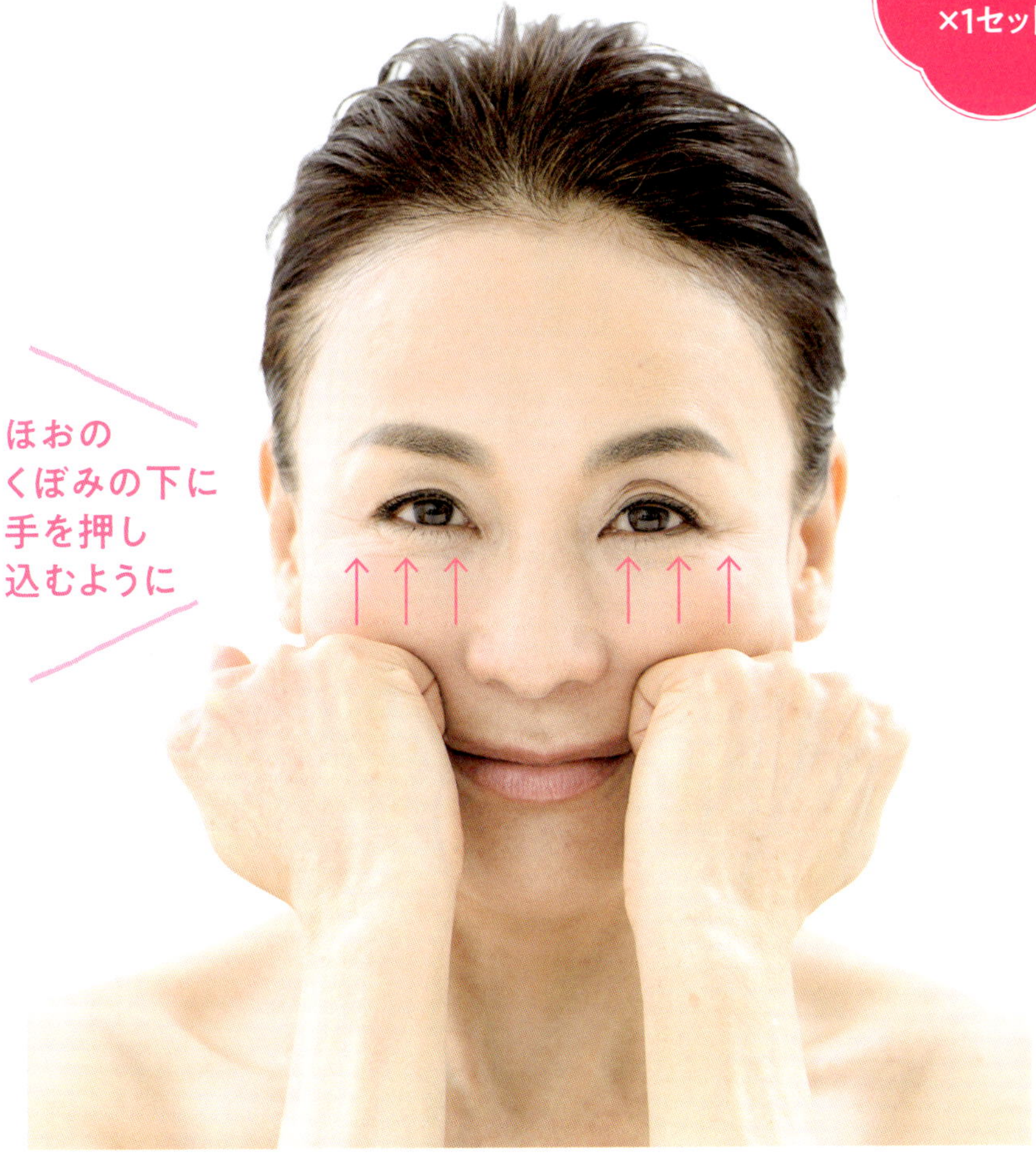
ほおの
くぼみの下に
手を押し
込むように

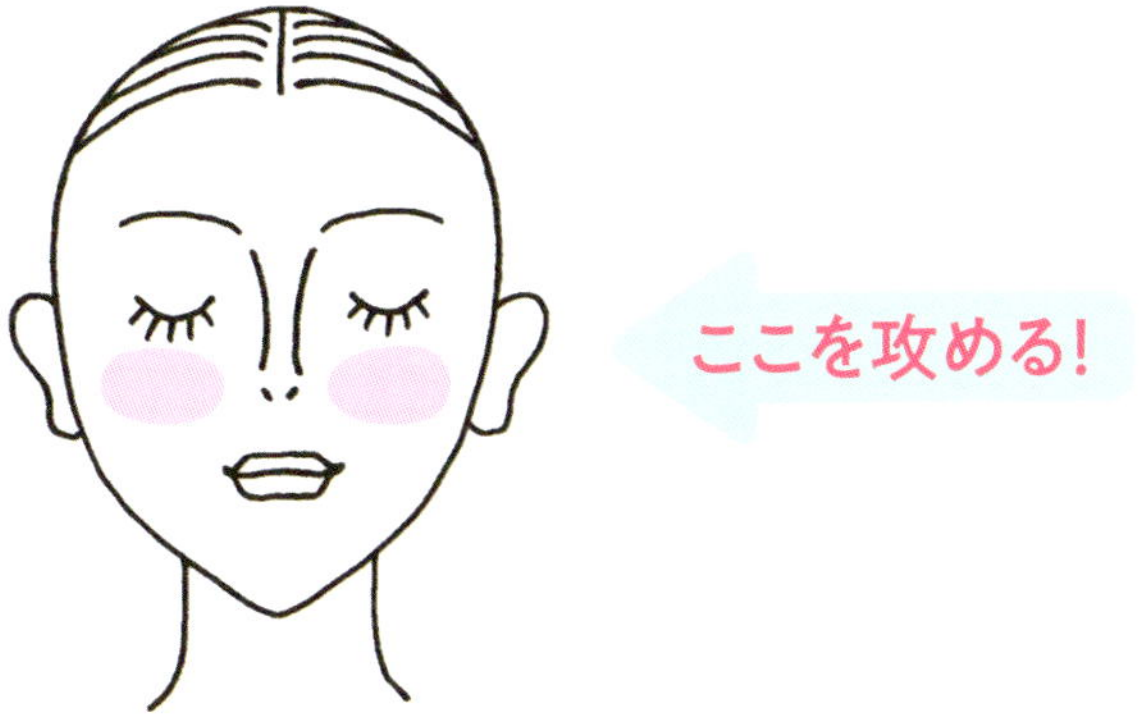
ここを攻める!

7

おでこ

おでこのシワを撃退しパッチリ目に

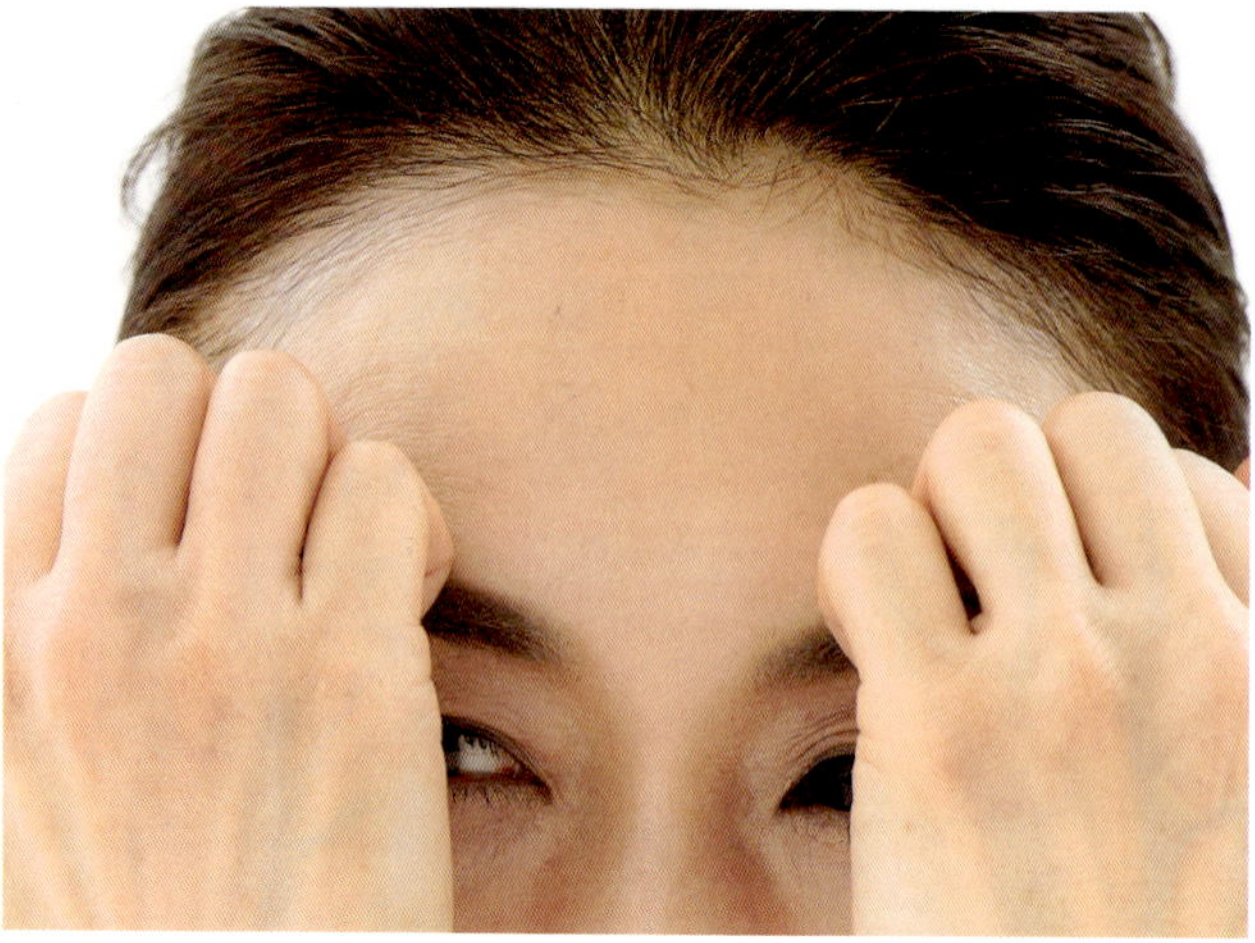

第一関節で内から外へ、こめかみまで毒素を流す

おでこにたまった毒素は、重みで目を小さくしてしまう上に、眉間やおでこのシワの原因に。親指以外の4本の指の第一関節で、上から下へ＆中央から外側へ、手をスライドさせながら5回を2セット。おでこにたまった毒素を降ろしてくるイメージで。最後に、眉の上に集まった毒素を指で必ずこめかみへ流します。内側から外側へ3回を1セット。滑らか肌で立体的なおでこに。

上から下へ
5回×2セット
内から外へ
3回×1セット
おでこの
上を力強く
滑らせる

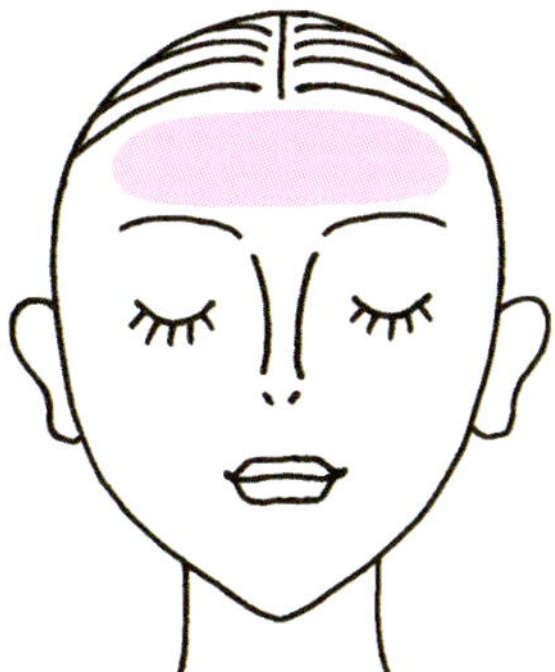
ここを攻める!

8 こめかみの下

立体感ある、メリハリ小顔に

第一関節と第二関節の間の広い面をつかって

年齢を重ねると顔が間延びするのは縦だけでなく横幅も。目の横より少し下で、こめかみの下に、ほお骨が出っ張っている箇所があります。第一関節と第二関節の間の広い面で、グルグルと外回りで5回転させ骨を刺激、最後に出っ張った骨の上でギューっと5秒、内側に押し込みます。顔を細くするイメージです。のっぺり顔とはおさらば、パーツが中央に引き寄せられます。

グルグル
5回転+5秒
内側へ押す
×1セット

ほお骨の外側の、
飛び出た
骨をプッシュ

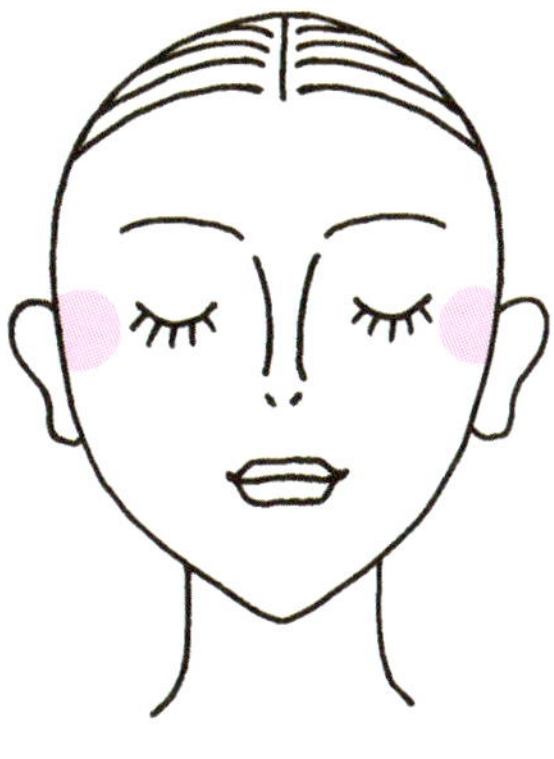

ここを攻める!

9

目

大きなパッチリ目で、輝くまなざし

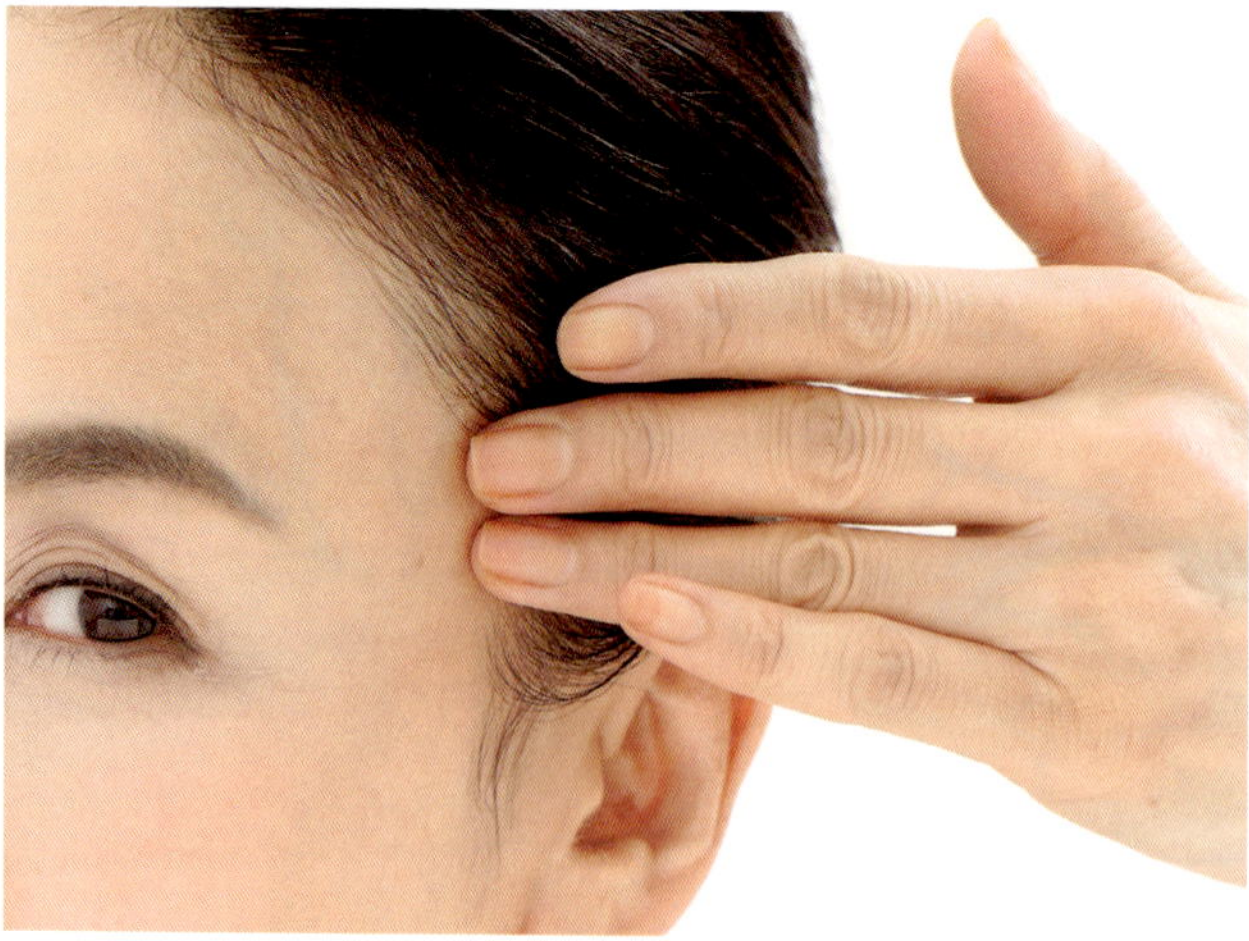

人差し指、中指、薬指でこめかみまで

眼窩《がんか》やまぶたにたまった毒素にもアプローチ。人差し指、中指、薬指の3本の指で、目の下の内側からスタートして外回りで目の周りを3周、優しく滑らせます。最後に目を閉じ目の内側から真上を通ってこめかみまで、力を入れてギューっと、毒素を運ぶ感覚で上げていきます。次の瞬間目を開くと、パッチリ爽快！目尻のシワに優しく、目の疲れも癒してくれます。

3周回って
こめかみまで
目の周りを
優しくなぞって
最後にギュー
っと上げる

注：右のリンパ節からは右上半身の毒素が抜け、
左のリンパ節からは全身の残りの毒素が抜けると言われているため、
9〜12は続けて行い必ず右→左の順で

ここを攻める!

10 フェイスライン

リフトアップして マイナス15歳横顔美人

1
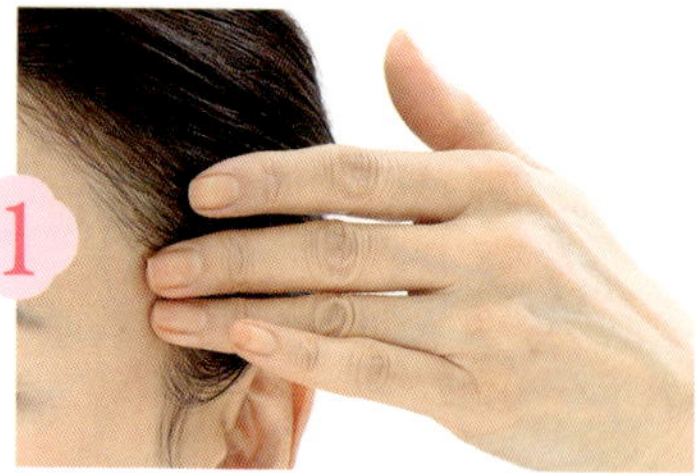
鼻の横からこめかみ、口角からこめかみへ

2
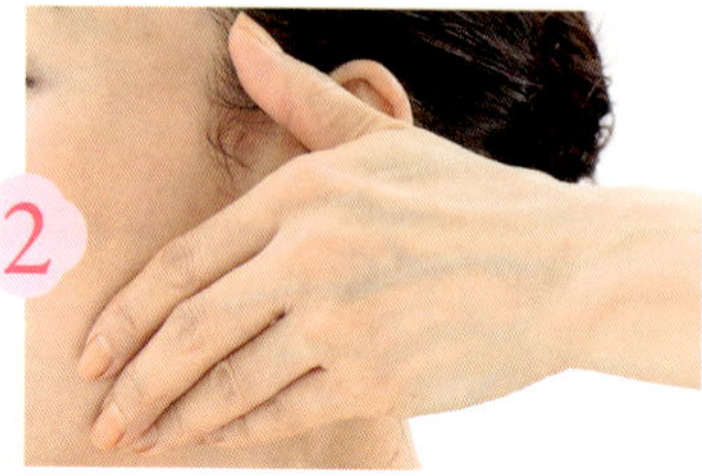
あごからこめかみへ

3
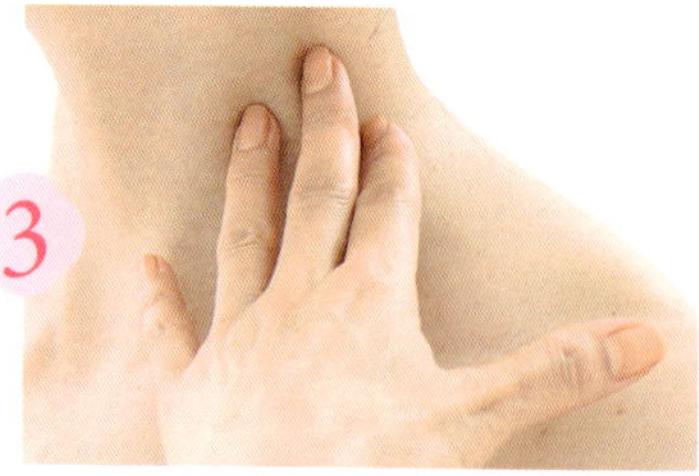
こめかみから耳下～胸鎖乳突筋を通って鎖骨まで流す

リフトアップしながら、毒素を排出します。人差し指、中指、薬指の３本の指を使って、骨に触れるくらいの強い力で、鼻の横からこめかみ、口角からこめかみ、あごからこめかみの３ルートでこめかみへ毒素を集めます。そのままこめかみから耳下～胸鎖乳突筋（Ｐ44参照）を通って鎖骨まで、たまった毒素を落とすイメージで流します。クリアな肌とラインに。

注：必ず右側から9～12を続けて行い、左側も同様に

3つのルートで
こめかみまで
かなりの力で
引き上げる

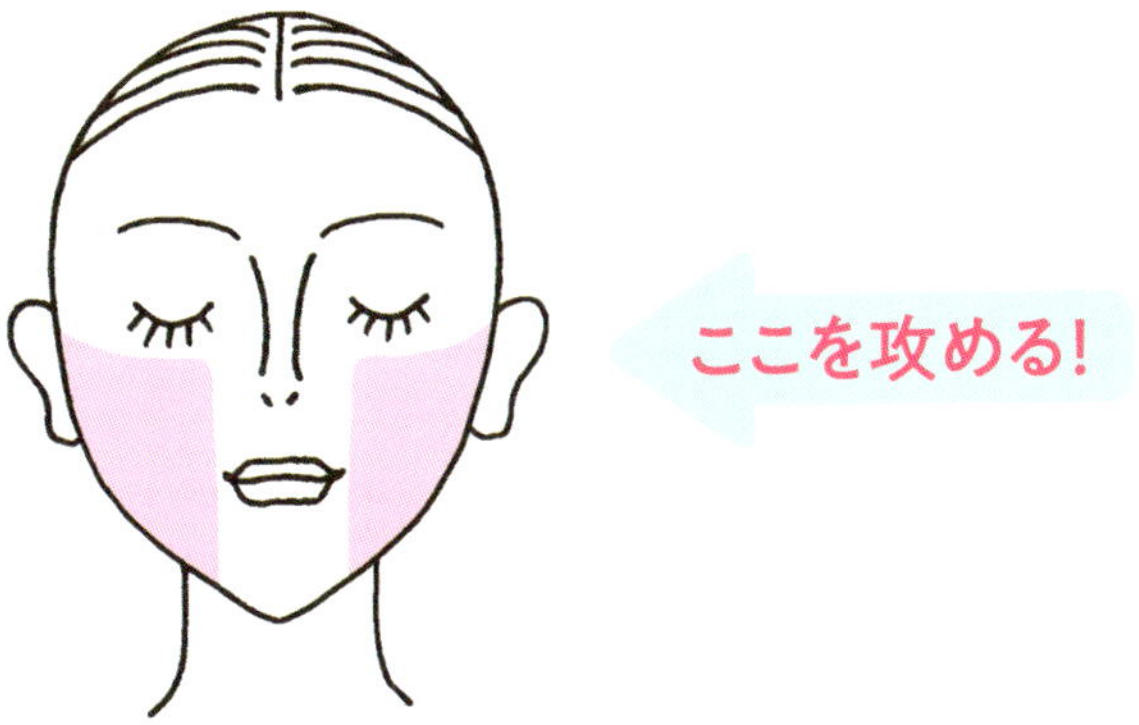

ここを攻める!

11

胸《きょう》鎖《さ》乳《にゅう》突《とつ》筋《きん》

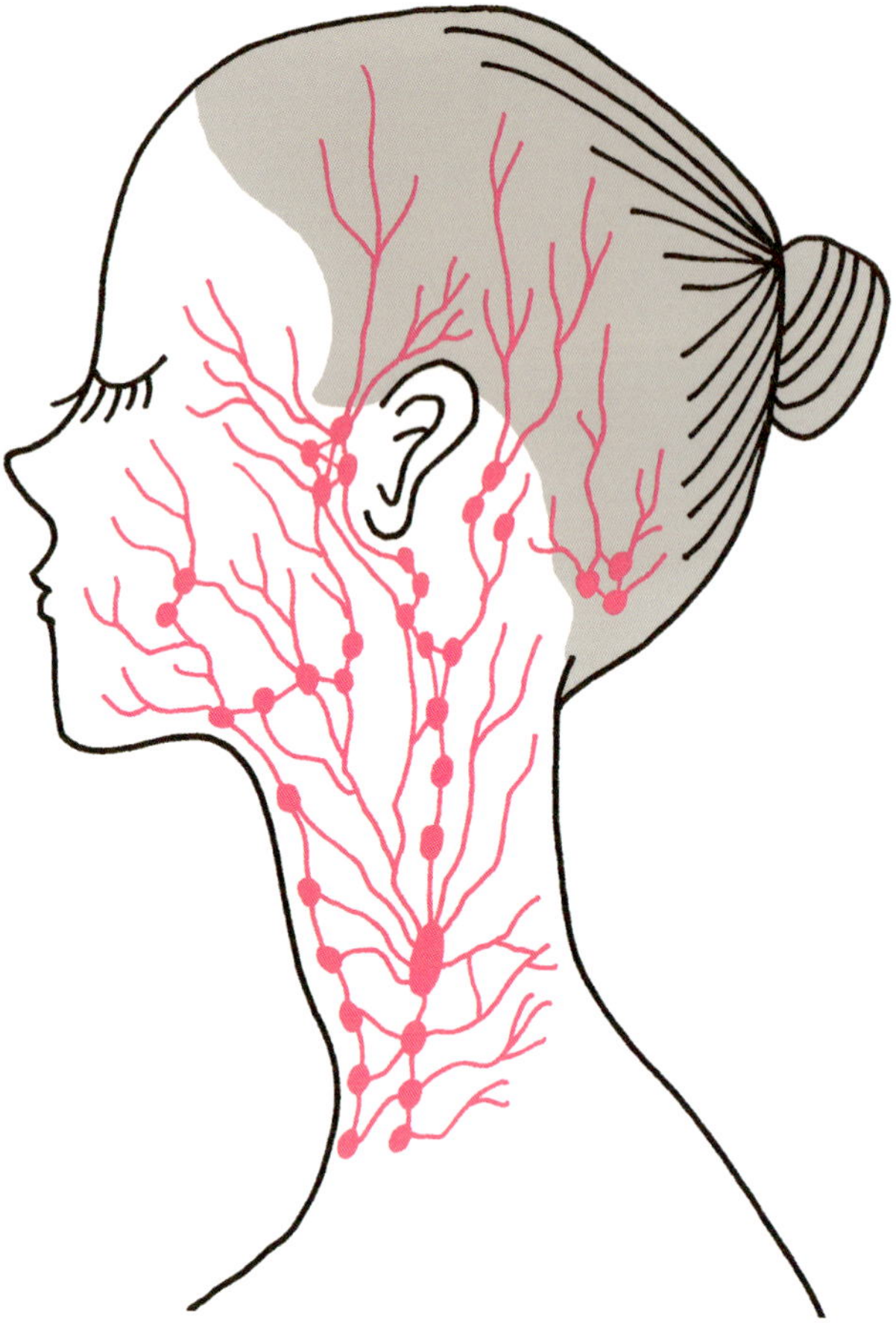

たまった毒素をリンパ節まで流してスッキリ

力を調節しやすいよう、左手で右側の胸鎖乳突筋を刺激。胸鎖乳突筋は首の主要な筋肉で、頭の骨と鎖骨をつなぎます。首にはたくさんのリンパ節があります。人差し指、中指の、第一関節をつかって、耳の後ろから鎖骨内側まで、上下に20回往復を。やさしく程よい力で、たまった毒素を上下に流しながら、ツヤやかでたるみのない首に。滑らかな首も、若々しさの秘訣。

注：必ず右側から9～12を続けて行い、左側も同様に

往復20回を
1セット
胸鎖乳突筋
を上下に
なぞるように
ここは
あまり力を
入れずに

20往復を
1セット
毒素が
たまって
いるほど痛い

12

鎖骨

たまった毒素を血流にのせ排出

鎖骨のリンパ節へ、たまった毒素を運び、排出します。左手の人差し指と中指の第一関節～第二関節で、右の鎖骨を挟むように、強い力で左右に20往復を1セット。鎖骨の内側に毒素がたまりやすいので意識して。リンパや血流に乗った、たまった毒素は、心臓でキレイな血液に交換されたり、肝臓で分解されたり、汗や排泄物となり体外へ。滞りなく流すことが大切です。

注：必ず右側から9～12を続けて行い、左側も同様に

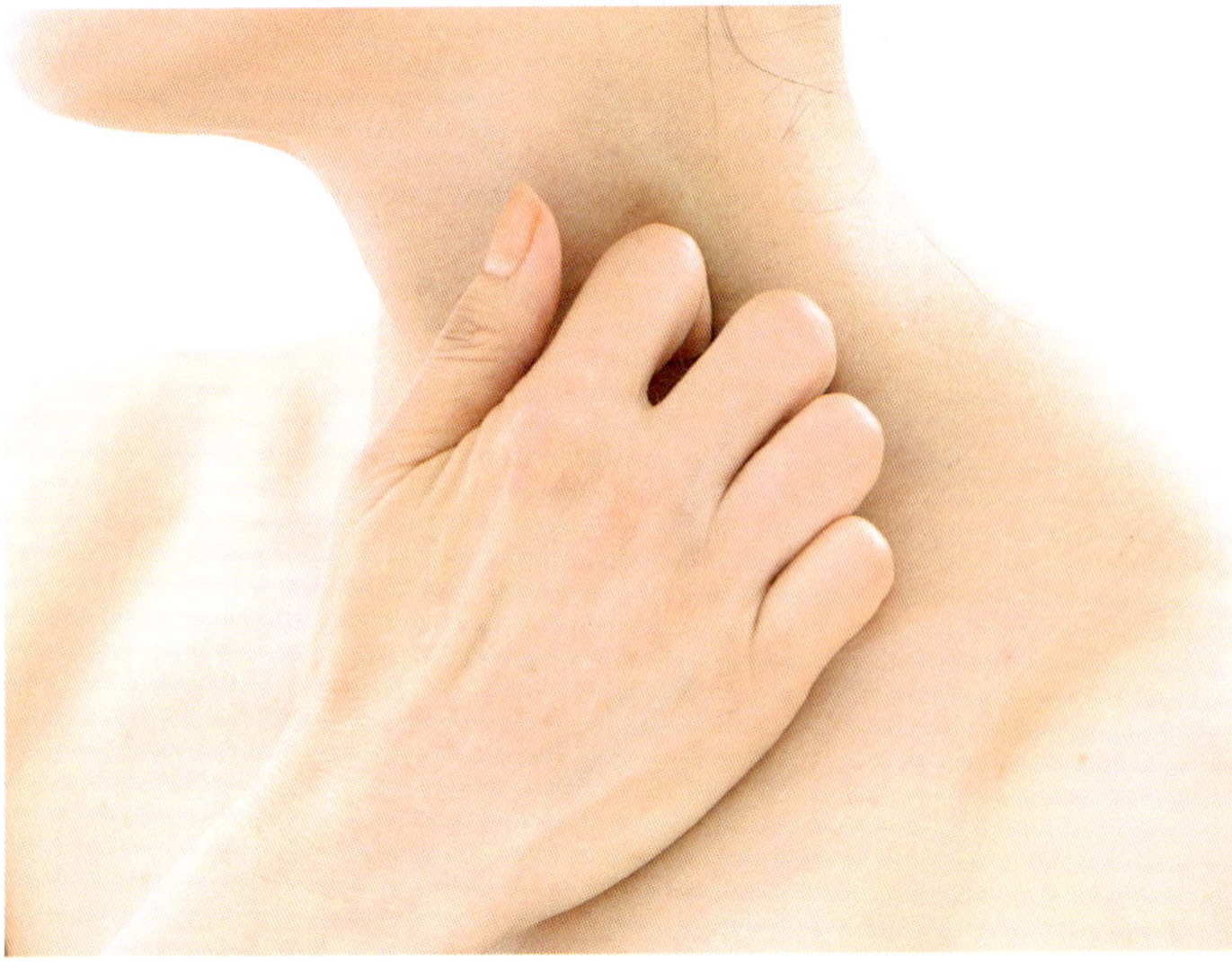

右側に続いて左側も９～12を行った後、顔の馬油はふきとらず、
そのままいつものお手入れ（化粧水～乳液）を

＼ 残った馬油は手にすりこんでFinish! ／

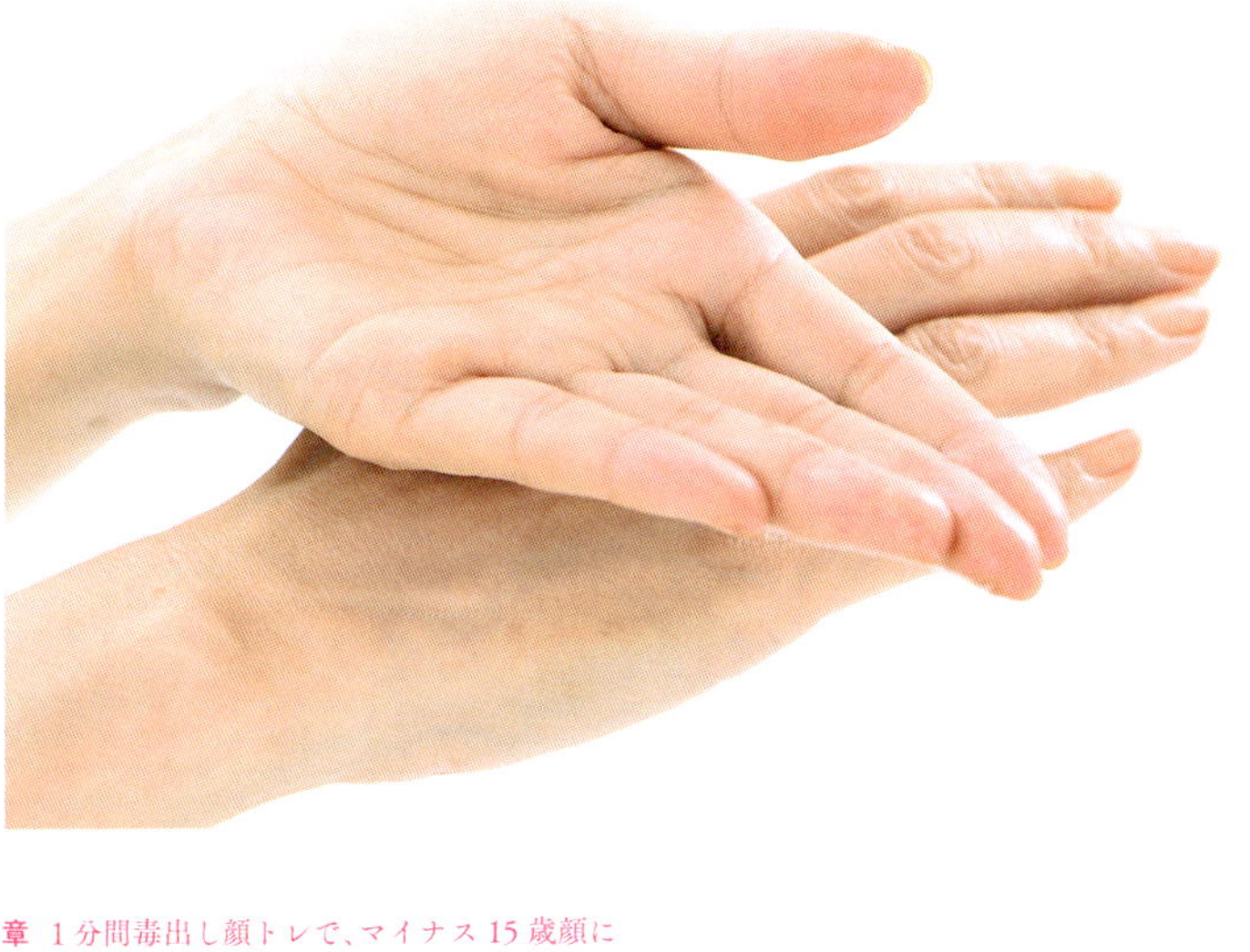

1分間毒出し顔トレでキレイになった生徒さんたち

たった1週間で、あきらかな変化が!

before

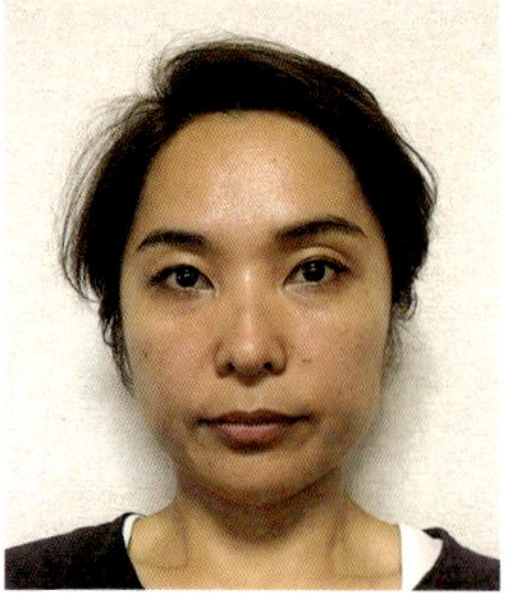

after

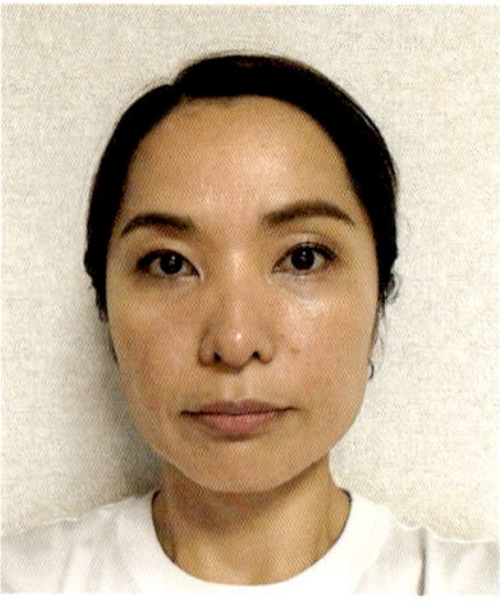

M・Sさん(40歳)

長く続ければ、50代でもここまで変わる!

before

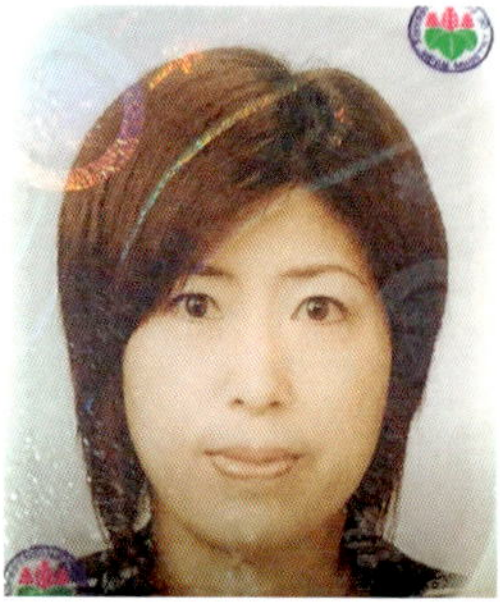

after

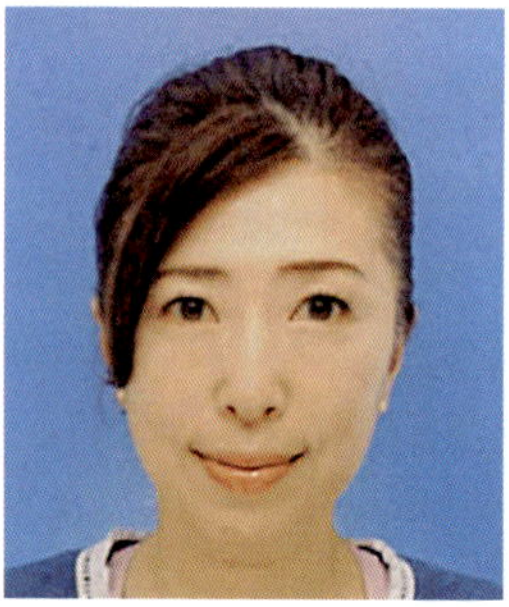

S・Tさん(53歳)

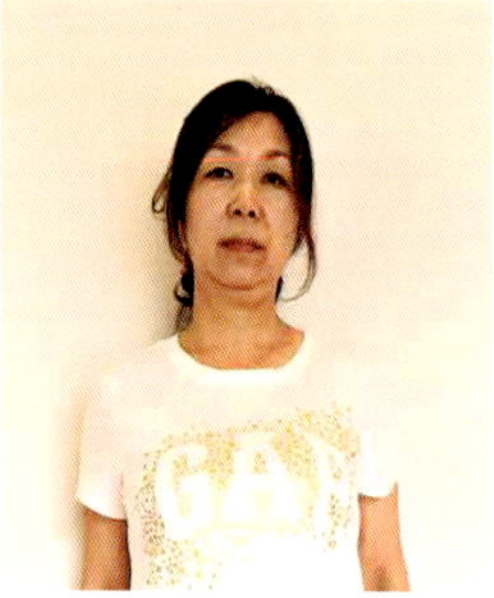

N・Mさん(58歳)

腫れぼったかった目がスッキリ二重に。写真映りが全く変わりました。

M・S（40歳）

鏡で見ている自分の顔と写真に映る姿が違うことに気づき、高価な化粧品で若さを取り戻そうとしましたが、あまり効果が見られませんでした。次に試したのが韓国コルギ（骨気）で、施術後はスッキリ理想的な顔になりましたが、毎月通える額ではありません。そんな時にMicaco先生から、自分でできる毒出し顔トレがあると聞き教えていただいたのがきっかけです。

はじめは顔のどの部分も痛く、コリコリしたものが顔中にありました。顔の筋肉を動かそうとしても全く動かず、これ本当に効果あるのかと半信半疑でした。すぐに変化が現れたのは鼻で（after は始めて1週間後の写真）、鼻筋がスッと高くなったような気がしました。老廃物に埋もれていた骨が出てきたのでしょうか。腫れぼったかった目もスッキリ二重に。口角も上がるようになり、笑顔に自信が持てるようになったし、写真映りが全く変わりました。

簡単な動きなので、順番を覚えてしまえば朝は洗顔からの流れでそのままできるし、夜はメイク落を落とすタイミングで行え、毎日の生活に取り込みやすかったです。

三日坊主の私でも続けられ、間延びした顔が引き締まった。

S・T（53歳）

年齢と共に頬が長くなり間延びした顔、目の下や顔のたるみが気になっていました。そんな時、Ｍｉｃａｃｏ先生の「脱オバサン顔セミナー」を知り参加しました。はじめのうちは毒素がたまっているところがとても痛かったのですが、たった1分と言う時間でフェイスラインがスッとして、目がパッチリするのが感じられてビックリしました。

続けているうちに痛くなくなり、しだいに顔の筋肉も動くようになり、（Ｐ48のｂｅｆｏｒｅと比べて）口角も自然と上がってきたように思います。1分間ずつのトレーニングは、三日坊主の私でも朝顔を洗った後のルーティンに入れ込むことができています。忘れてしまっても使うのは自分の手だけなので、思い出したときにできる手軽さです。

少しの時間でも取り入れて持続することの大切さを実感しています。

馬油と温泉水だけなのに「肌が綺麗ね、高い化粧品使ってるの？」と言われるように

N・M（58歳）

最初、顔トレを教えていただいたときは、すごく痛かったです。はじめは青アザができるくらいでした。

周りを見ても、年齢を重ねて何もしないでいると、本当にオバサン体型、オバサン顔になっていて「私はそうなりたくない！」という思いで、毎日朝晩続けていました。レッスンに通っている間は、Ｍｉｃａｃｏさんに週１回お会いしてチェックしてもらえたのも励みになりました。

ファンデーションを塗っていても毛穴が目立ち、常に皮脂を押さえたり化粧直しに気を使っていましたが、「ファンデーションは塗らない方がいい、私も基本は温泉水と馬油」とＭｉｃａｃｏさんに聞き、それだけでお肌があんなに綺麗になるならと言われた通りに続けることに。

あれから２〜３年、周りから「肌が綺麗よね」と言われるようになりました。ファンデなしで、温泉水と馬油だけよって言うと「ＳＫ-Ⅱとか使ってるんじゃないの⁉」と驚かれます。以前と比べて、毛穴が目立たなくなったように感じます。

なぜ馬油を使うのか

オリーブ、アルガン、ホホバ、ツバキ……美容オイルは各種ありますが、肌に合わないとかぶれてしまうことも。これまで顔トレを教えてきて、どんな敏感肌の人でも大丈夫だったのが、馬油でした。

そもそも馬油とは馬の脂肪、哺乳類どうしだから相性がいいのでしょうか？　私が愛用している「ソンバーユ」の発売元・薬師堂は、日本で初めて馬の油に馬油と名付けて商品化したパイオニアメーカー。そちらの公式サイトで調べてみたら、やはり植物性オイルよりも動物性の馬油の方が、肌への刺激が少なさそうです。

さらに「馬の遺伝子の4分の3が人間と同じだった」という京都大学の研究発表もあると知りました。人間のＤＮＡにかなり近いから、誰の肌にもしっくりくるのでしょうね。

私は毎晩、メイク落としで顔トレ後、保湿のため馬油を。外出時も瓶ごとポーチに入れて持ち歩いて、ハンドクリームがわりにしたり、切り傷にもぬると治りが早い気がします。

また、花粉の時期、鼻に症状が出る場合は「寝る前にソンバーユを鼻の入口の皮膚に多めに塗布する（横たわると自然と鼻腔へ流れます）と楽になる」そんな耳寄り情報も。花粉が辛い人はお試しを。

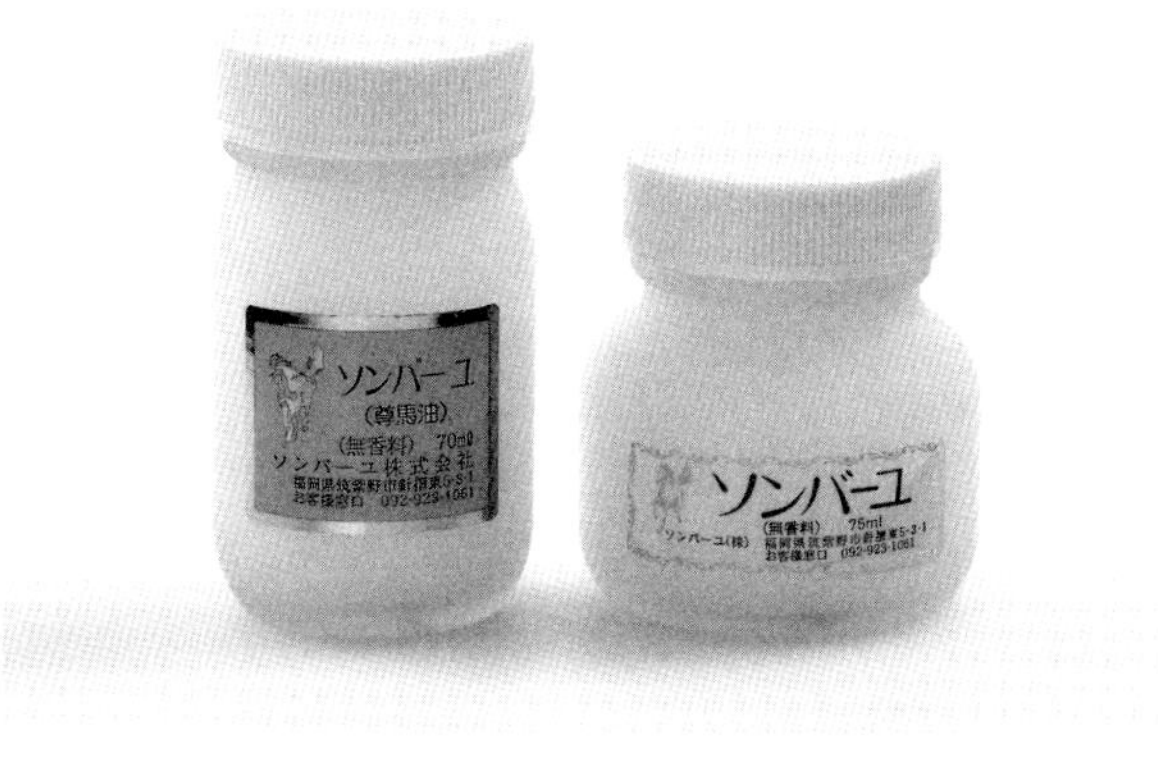

薬師堂のソンバーユ無香料、左が薬局用、右が通販用。

1分間毒出し顔トレおさらいQ&A

Q つかう指の場所が、違っても大丈夫？

A 鼻わき（P24）は、「中指の第一関節をつかって」と説明しましたが、人差し指の方がやりやすければ、変えても全く構いません。攻める位置さえ合っていれば、どの指でもOKです。

Q どれくらい続けたら効果が出始める？

A 最初は顔や鎖骨が痛くて痛くて…「あれ、今日は痛くない」と感じたら、毒素がかき出されたサイン。個人差はありますが、初日～1週間で肌が明るくなり、リフトアップします。

Q
朝晩だけでなく、1日に何回もやっていい？

A
毒素がたまっている場合は内出血を起こす場合もあるので、朝晩2回でじゅうぶんです。
毎日続けることが大切なので、三日坊主にならないよう気を付けましょう。

Q
順番を間違えた！抜かした顔トレだけ後からやっても平気？

A
思い出したところからで大丈夫ですよ。ただし、目～フェイスライン～胸鎖乳突筋～鎖骨（P40～47）だけは続けて、必ず右側からです。

Q 顔をゴリゴリ触って、逆にシワができないか不安…

A 皮膚をゴシゴシこするのではなく、その下の骨をゴリゴリ押すから心配ありません。痛いくらいでないと効果はないので、最初のうちはツラくても、頑張って続けてみてください。

Q 遅く帰って今すぐ寝たい…忙しい日は休んでOK？

A 3日くらい抜けても大丈夫です。私は夜は、クレンジングでメイクを落としながら顔トレをし、その後で、馬油を塗っています。クレンジングと同時なら自然に続けられますよ。

Q 旅先など、馬油がない時はどうすれば？

A 指が滑れば、乳液でも代用できますよ。「鏡の前で、顔をゴリゴリ、何やってるの？」もし一緒に出かけた家族や友達に聞かれたら、顔トレを教えてあげるいい機会かも。

Q 夏は馬油がベタつく気が、量が多すぎ？

A 馬油だけ塗って終わりにしていませんか？ 親水性がある油脂なので、馬油の後、水スプレーをすると肌への浸透がよくなります。夏は高温で溶けて柔らかくなるので、持ち歩く際は注意しましょう。

顔トレ後のおすすめスキンケア

馬油は、高級化粧品にもひけを取らない保湿力

私は毎日、顔トレ以外でもスキンケアに馬油を使います。化粧水や美容液などの通常のスキンケアもしますが、馬油をつけて就寝しても、ベタつきが気になることもありません。馬油は人の皮脂とよく似た性質を持つことから、つけた瞬間溶け込むように浸透し、肌を柔らかく整え保護します。皮膚の健

康維持に最適な保湿です。そして、馬油での徹底的な保湿以外に、欠かさないスキンケアがふたつありますのでご紹介します。

1 ピーリングでターンオーバーのサイクルを整える

週に1～2回の頻度でピーリングを行い、肌のターンオーバーを整えています。ターンオーバーとは、肌の生まれ変わりのサイクルで、肌の表面にある角質層がはがれ落ち、新しいキレイな肌に生まれ変わるサイクルをいいます。通常は28日ですが、加齢とともに延び、40代には40日になるそう。周期が遅れると古い角質が表皮に残ってしまうので、乾燥してごわつき、くすんだ肌になります。目指すは、滑らかかで柔らかく透明感のある肌！

ときどき、「ピーリングすると肌が乾燥してしまうので苦手」と言う人がいますが、それは今までピーリングをしたことがなかった人が初めて行ったときに、起こる現象です。、角質がたまっているため、完全にピーリングしきれずカサついてしまうのです。ピーリング後に保湿をすれば乾燥は起こりません。加齢に伴い遅くなるターンオーバーのサイクルを、ピーリングで外から補助し、正常に戻してあげることで、若い頃のような、滑らかで柔らかい透明感のある肌を保つことができるのです。

ピーリング剤はスクラブタイプがおすすめ。なるべく粒子が細かい方が、肌に負担をかけにくいのでよりおすすめです。まずはあまりこすらずに、軽いピーリングから始めてください。終わったらパックなどでしっかり保湿をしてください。

2 美肌菌を育てるパックを手作り

美しい肌には美肌菌が多いと言われています。美肌菌の正体は表皮ブドウ球菌といい、肌を弱酸性に保ち、バリア機能を高め、潤いあるキメの整った肌にしてくれます。その美肌菌をつくる方法はふたつあります。

ひとつは自分の汗で美肌菌が増えるので、寝る前にうっすら汗をかく程度の運動を行い、汗を拭きとらずにそのまま寝ることです。運動ができない場合は入浴してうっすら汗をかいたまま

ヨーグルトの上澄み液をシートマスクに染み込ませる

寝てもいいですね。寝ている間に美肌菌が育ちます。

そしてもうひとつがヨーグルトパックです。ヨーグルトの上澄み液は乳清と言いますが、乳清をシートマスクに染み込ませて作ります。乳清が取り出しにくいときは、ヨーグルトのパッケージの中にスプーンをザクザク入れ、空気を送り、1日冷蔵庫で寝かせておくと上澄み液が出てきます。パックにはヨーグルトがくっついてしまっても問題ありませんが、美肌菌をつくる効果があるのは上澄み液の乳清です。パックの後は、顔を軽く洗い流して終わります。

私は週に1〜2回のピーリングの後、美肌菌が増えるヨーグルトパックを行い、最後に馬油を塗っています。

第3章

たるみ・シワ・ほうれい線…お悩み別・顔筋トレ

顔も筋トレでたるませない！

顔がたるむ大きな原因のひとつとして「顔の筋肉の衰え」があります。筋肉は動かさなければ、残念ながら年齢とともに衰えます。さらに現代人は、ＰＣやスマホを無表情で見ている時間が長く、表情筋が若いうちから衰えがち。筋肉は何歳からでも成長するので、体と同じように顔も鍛え、引き締め、老け顔とおさらばしましょう。

日常生活であまり使うことのない筋肉にもアプローチするため、最初は全く動かない場所もあります。でも、筋肉は脳からの指令で動くので「動け！」と指令を出し続けると、２～３日で動くようになります。筋トレをするとコラーゲンの生成も促され、嬉しいおまけつき。次のページから顔筋トレがスタート！　私は通しで行っていますが、みなさんは気になる場所から取り入れても大丈夫ですよ。

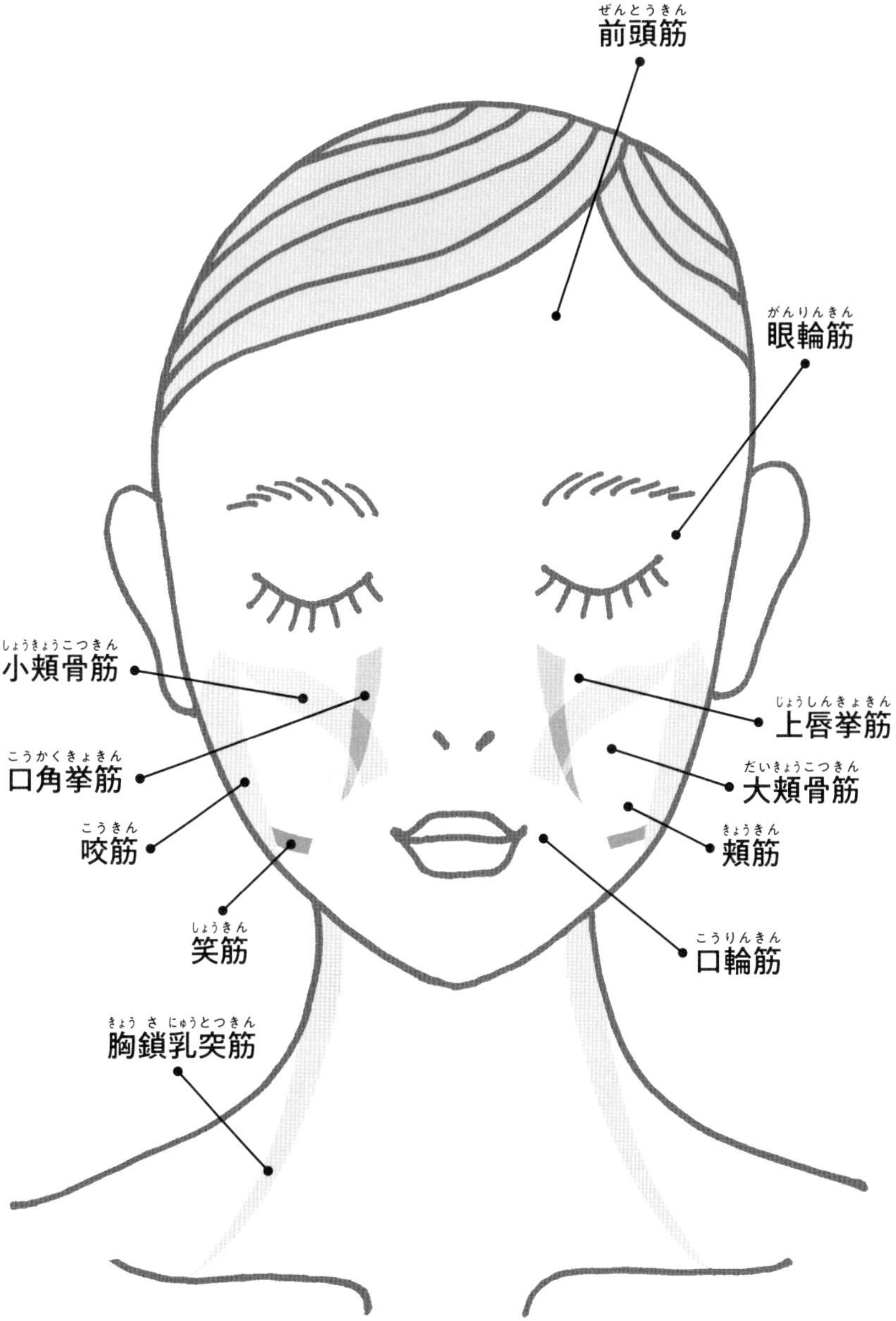
前頭筋《ぜんとうきん》
眼輪筋《がんりんきん》
小頬骨筋《しょうきょうこつきん》
上唇挙筋《じょうしんきょきん》
口角挙筋《こうかくきょきん》
大頬骨筋《だいきょうこつきん》
咬筋《こうきん》
頬筋《きょうきん》
笑筋《しょうきん》
口輪筋《こうりんきん》
胸鎖乳突筋《きょうさにゅうとつきん》

目の周り

目を大きくするためのウォームアップ

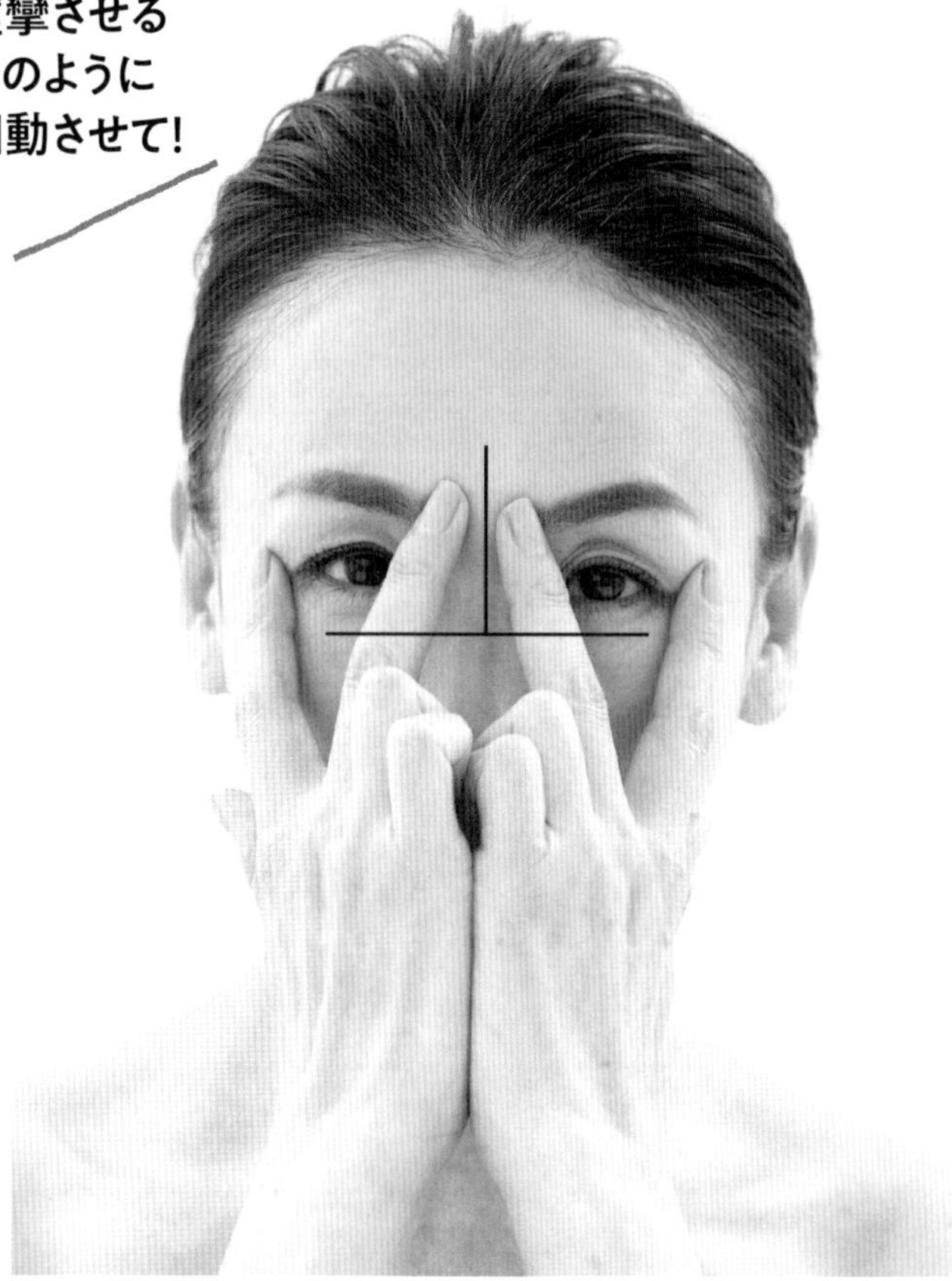

目の周囲360°の筋肉を動かすための準備運動です。中指を眉頭、人差し指を目尻に当て、シワができないよう押さえ、目を閉じて痙攣《けいれん》させるようにピクピクピクピクッと動かし、開きます。目標は細かく4～5回ピクピクピクさせられること。最初は、動かなくても、脳に「動け!」と指令を出し継続することで、細動するように。これを5～10回。最後にギューッと閉じます。

ピクピク
ピクッ!
5〜10回
脳に
「動け!」と
指令を出して

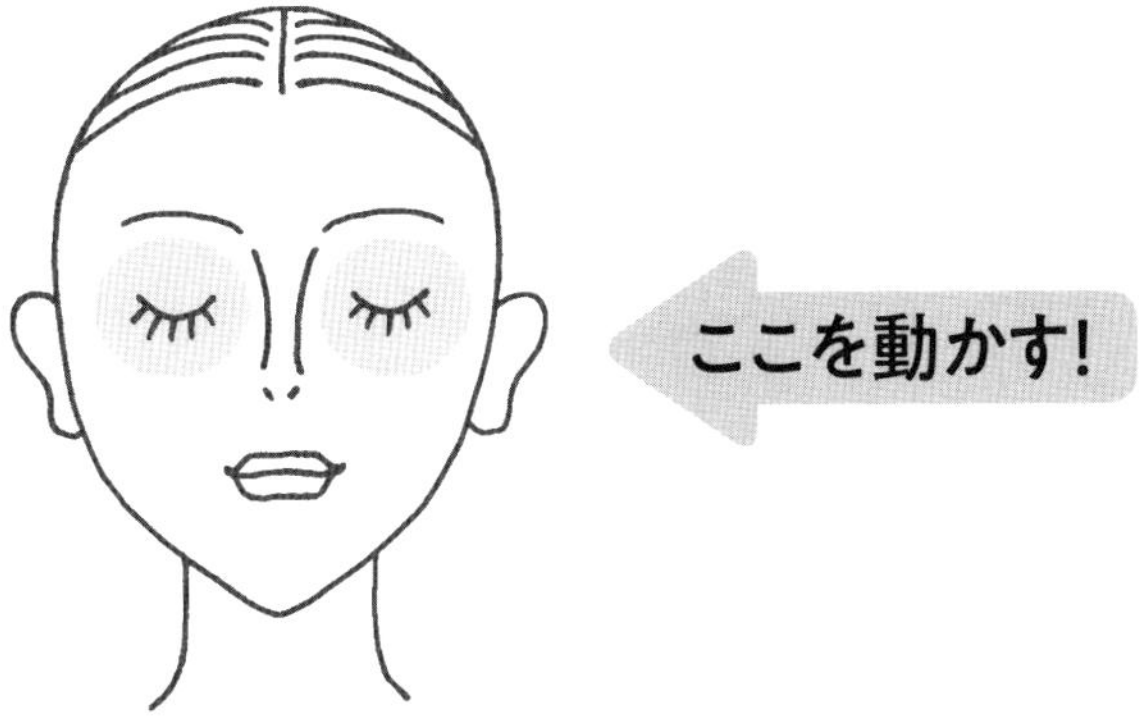

ここを動かす!

目の上

若い頃より目が小さくなった

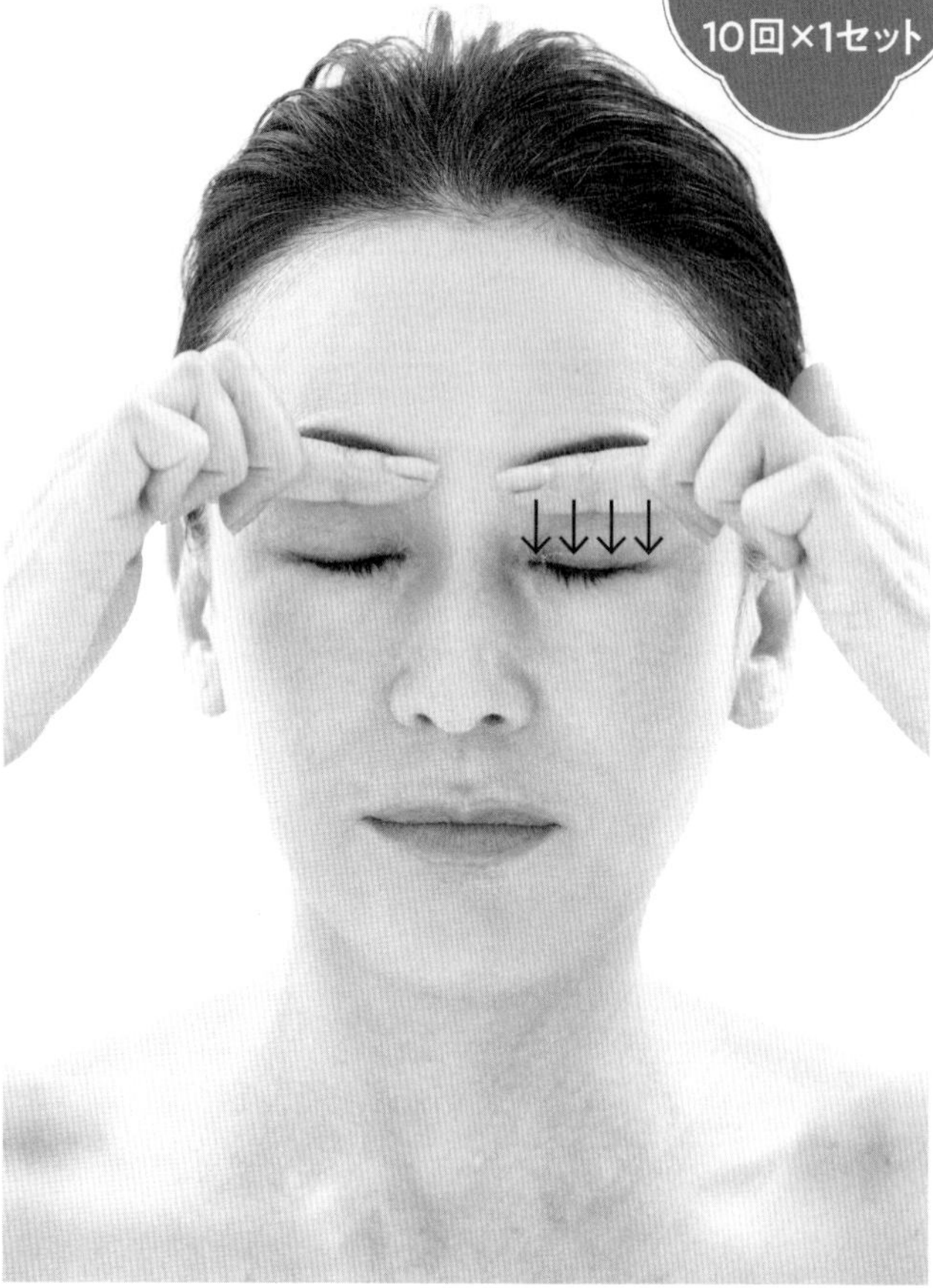

若い頃より目が小さくなった、上まぶたが垂れてきて重いと感じる場合は、目の上の筋肉を部分的に鍛えた方が効果的。人差し指を横にして、眉毛の下にピタッと当て固定させます。上まぶたを痙攣するようにピクピクピクッと動かし目を開けるのを、10回。最初は動きを感じなくても、脳に「動け！」と指令を出しながら行うのがコツ。下垂をくい止めパッチリ目に。

目の下

目の下のたるみが気になる

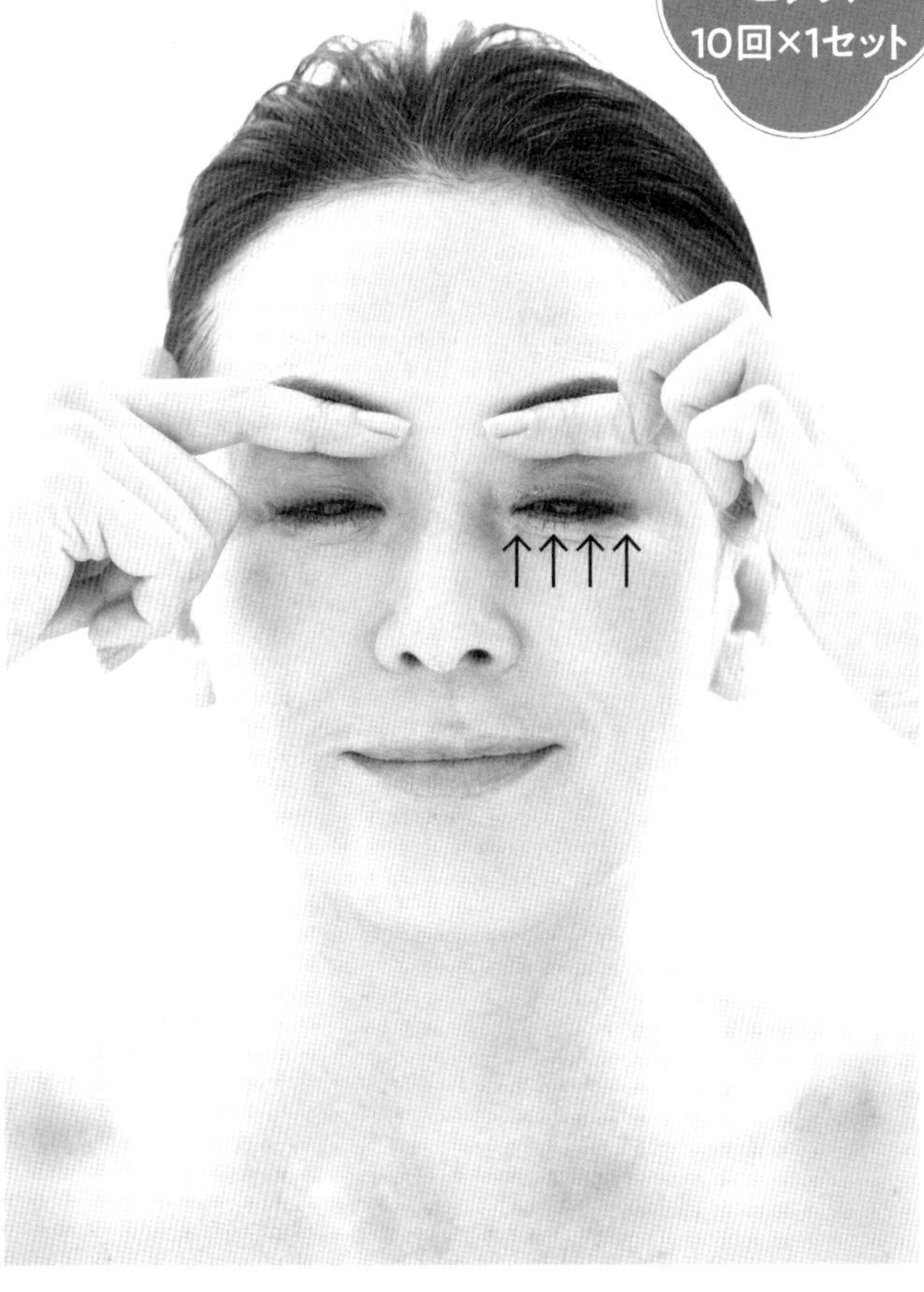

目の下に影やゴルゴラインが見えたら要注意！　目が大きい人ほどたるみやすく、動かしにくくて鍛えにくい場所。眼球の重みを支える筋肉にアプローチ。人差し指を眉の下に当て固定させたまま、下まぶたを上まぶたにくっつけるようにピクピクピクッと細動させます。10回を1セット。眩しいときに薄目を開けた目がイメージ。滑らかでハリのある目元にリセットします。

まぶた

目ヂカラがなくなってきた

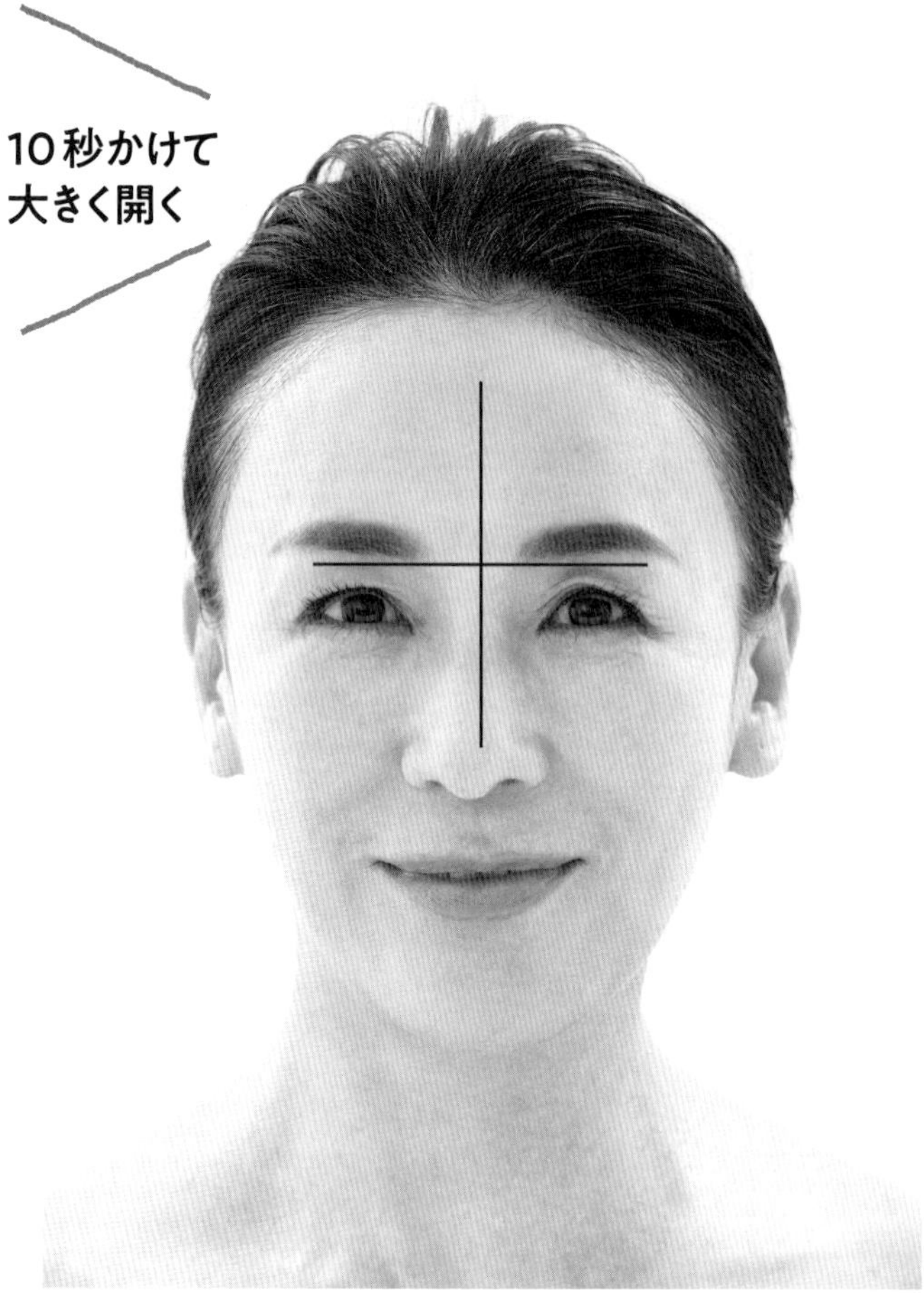

目を開く筋肉、閉じる筋肉を鍛え、パッチリ大きな目にさせます。まず、10秒かけてゆっくり目を大きく開いていきます。こんどは10秒かけて目を閉じていき、最後に思い切りギューッと閉じます。これを3回。ゆっくり10秒かけて動かすことで、筋肉に負荷をかけ、育てることができます。目は心を映し出す鏡！輝く目ヂカラで印象アップを。

開いて閉じる
1セット×3回

10秒かけて
ギューッと
閉じる

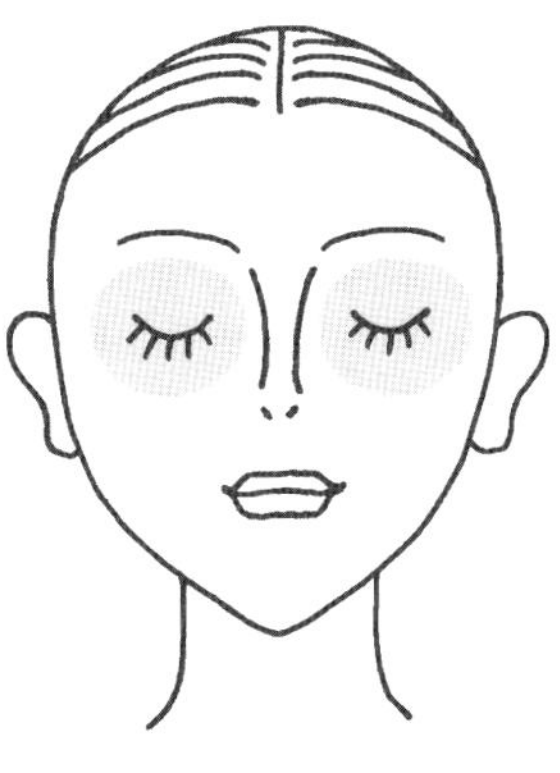

ここを動かす!

おでこ

おでこのシワを撃退したい

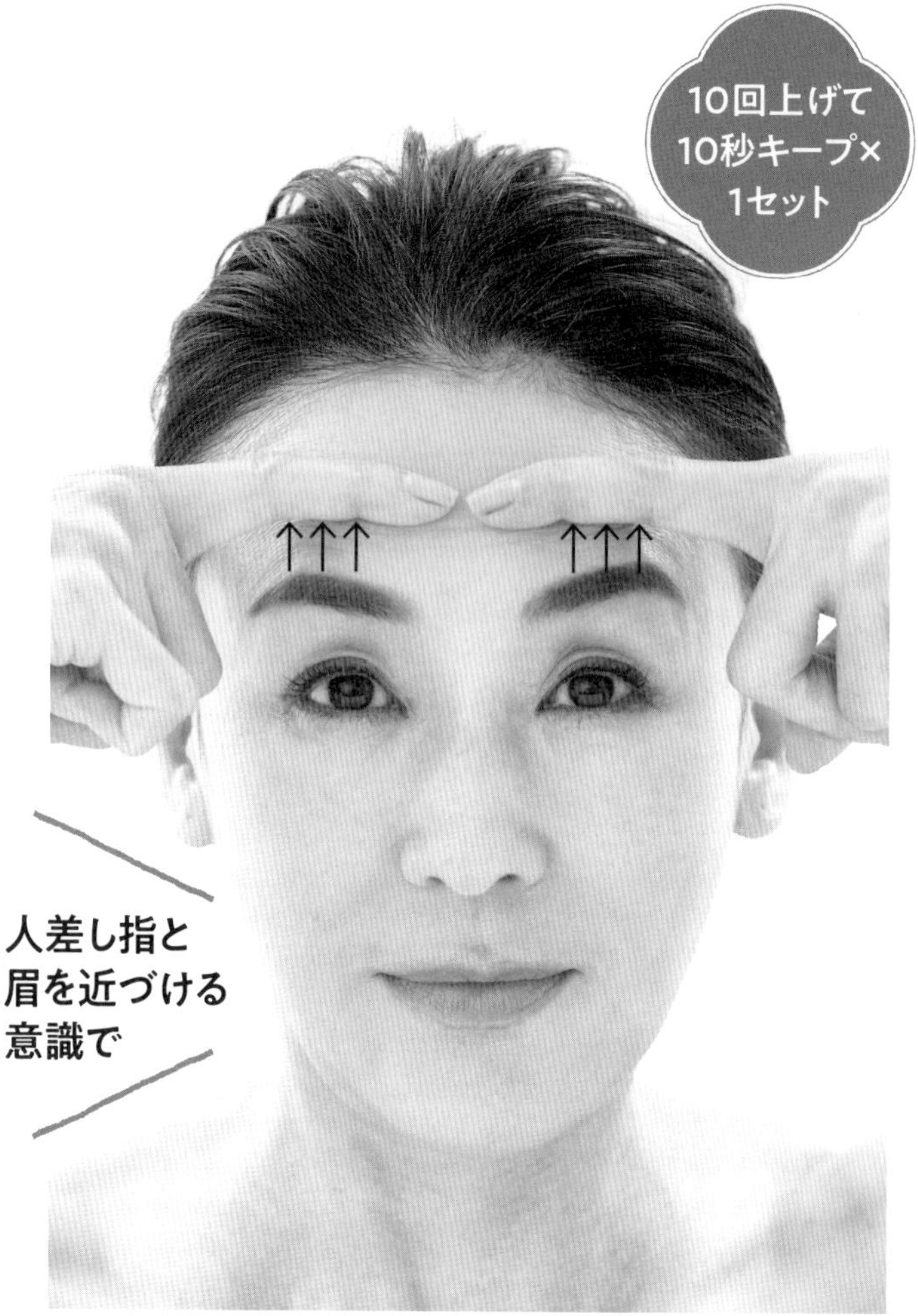
10回上げて
10秒キープ×
1セット
人差し指と
眉を近づける
意識で

おでこの皮膚は頭皮と続く1枚の皮でできているので、後頭部から皮膚を前に降ろしてくるイメージで、おでこの中央をグッと両人差し指で押さえてロック。指は動かさず、眉をギュッと上げます。10回上げ、最後に10秒キープを1セット。眉を上げるとき、眉間にシワが寄らないよう鏡を見てチェック。終わったら、人差し指と中指で眉の上を、内から外へ3回流し整えます。

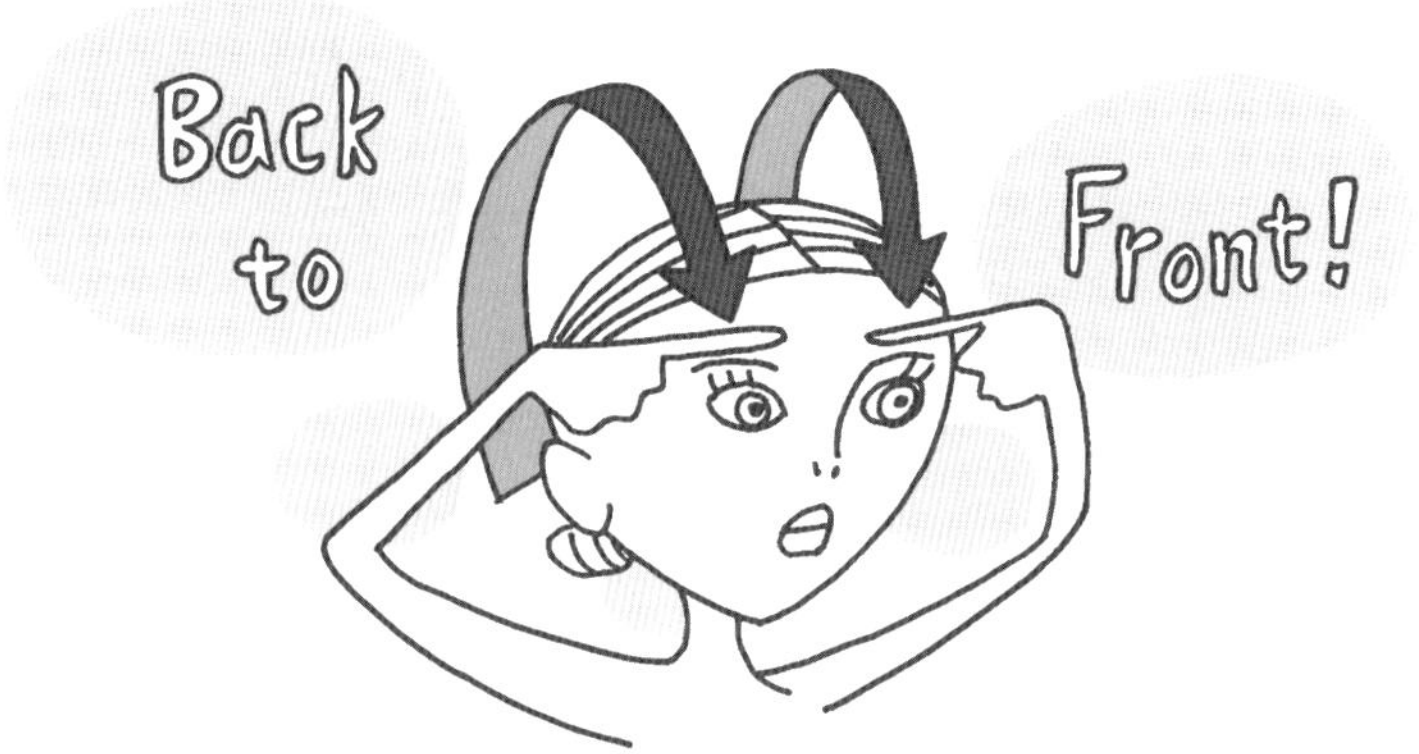

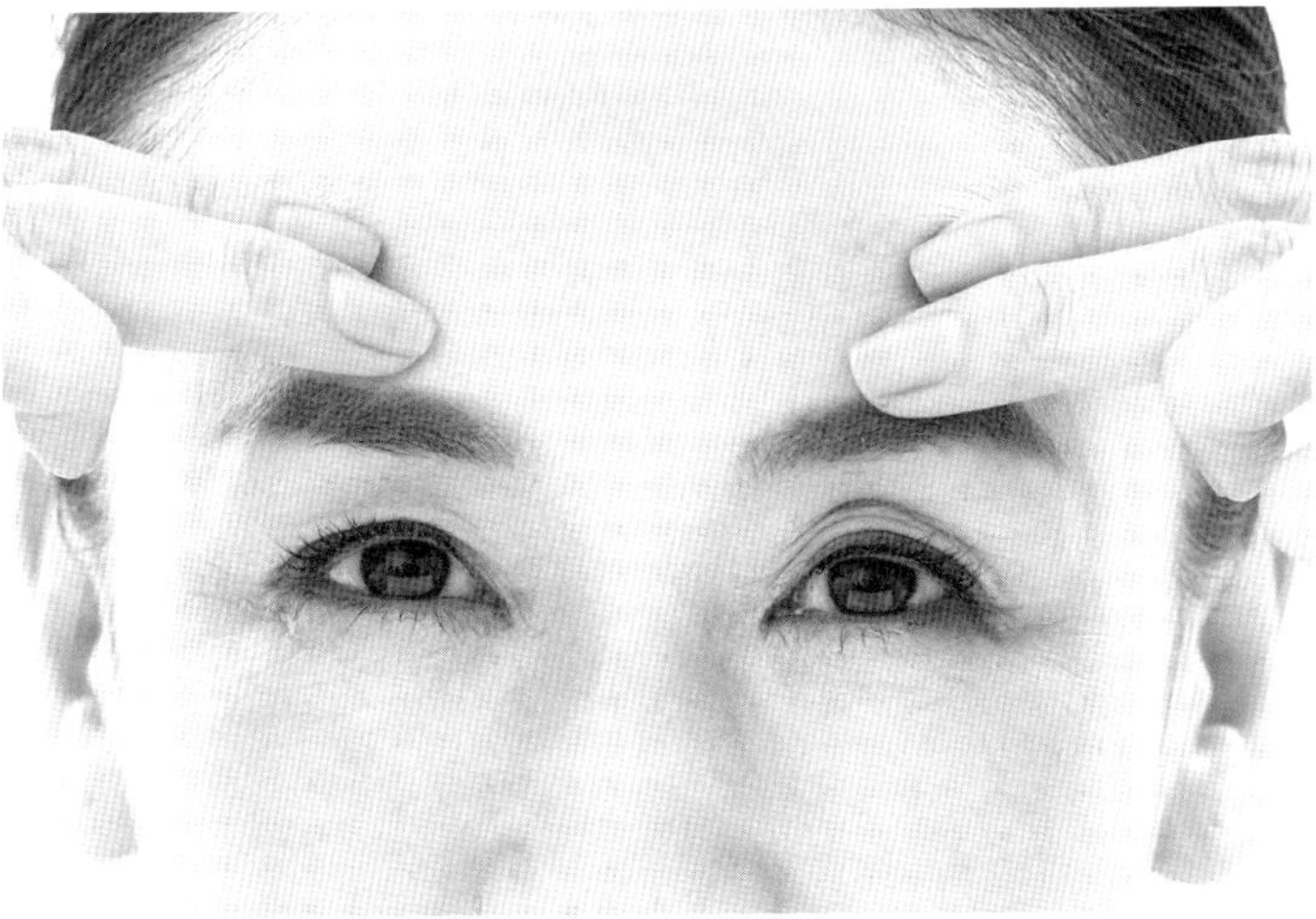

眉の上を、人差し指と中指で内から外へ３回流し整える

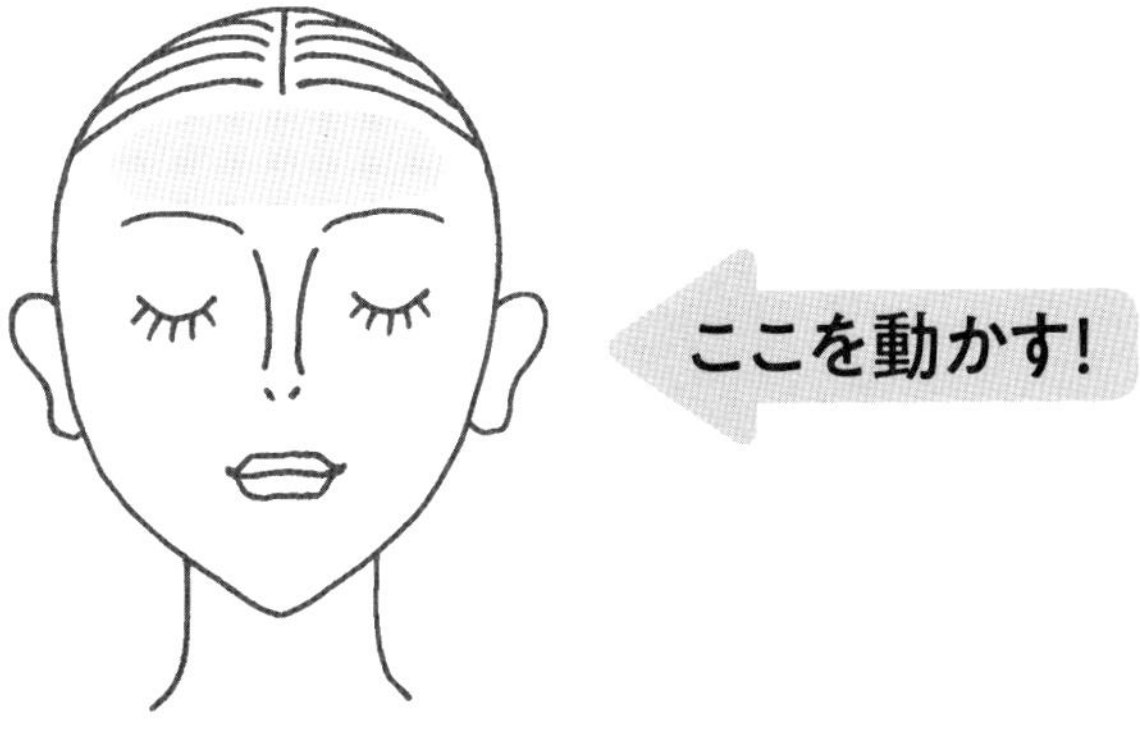

「え」の口

ほおが下がって顔が縦長になってきた

「え」の口
10回+
10秒キープ×
1セット

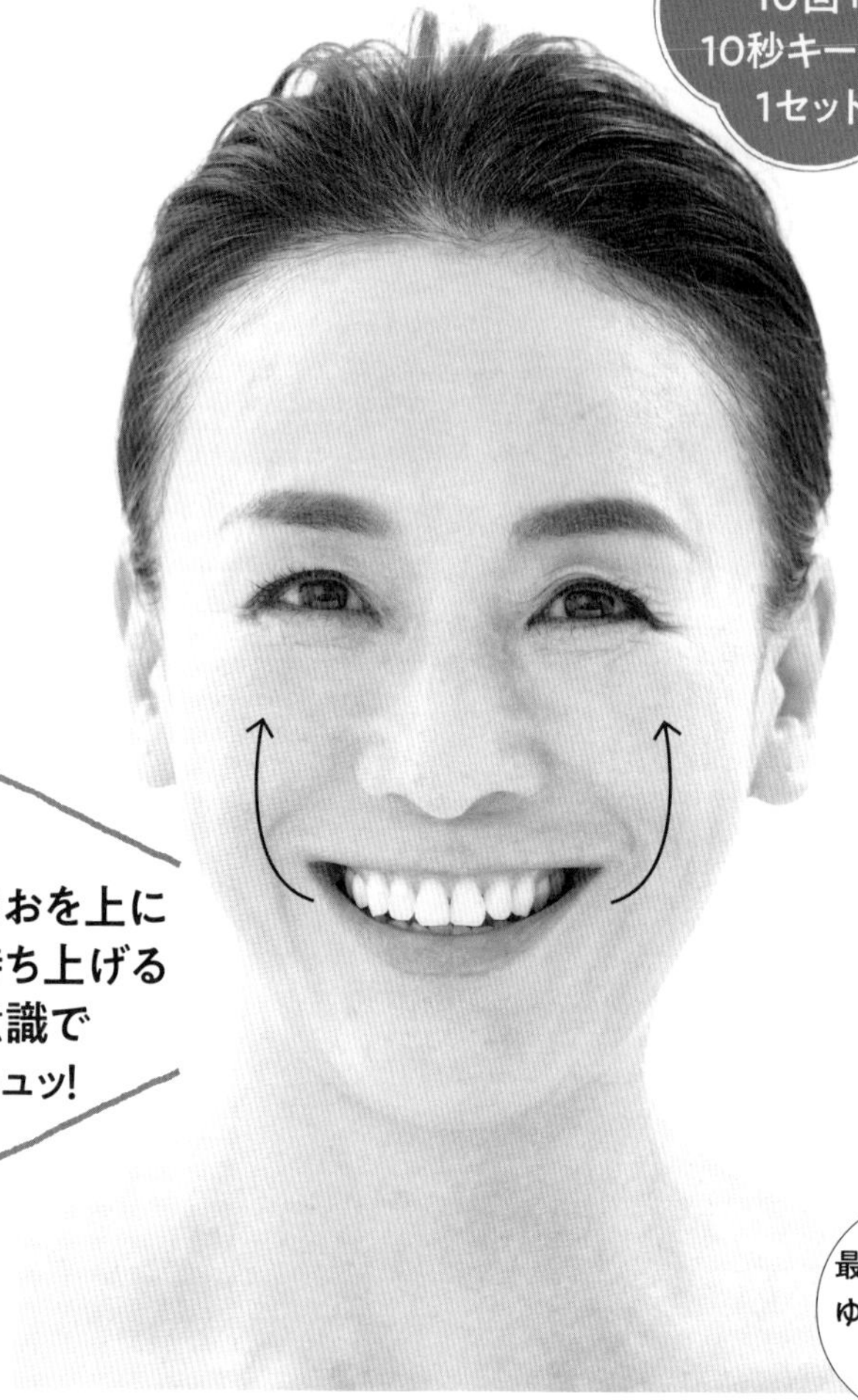

ほおを上に
持ち上げる
意識で
キュッ!

最後に筋肉を
ゆるめましょう
(P78参照)

ほおの高さは若さのバローメーターです。丸く、高い位置にあるほおを目指します。「え」の口をしながら、ほおの筋肉を意識しキュッと上げ、戻します。「え」の口を10回くりかえしたら、最後に10秒キープ。ほおの筋肉が衰えると、のっぺり立体感がない顔に。ハリのあるほおで、表情豊かな笑顔美人を目指して。

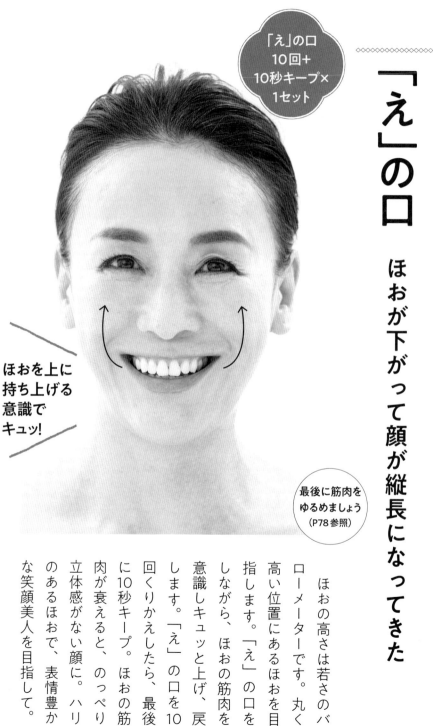

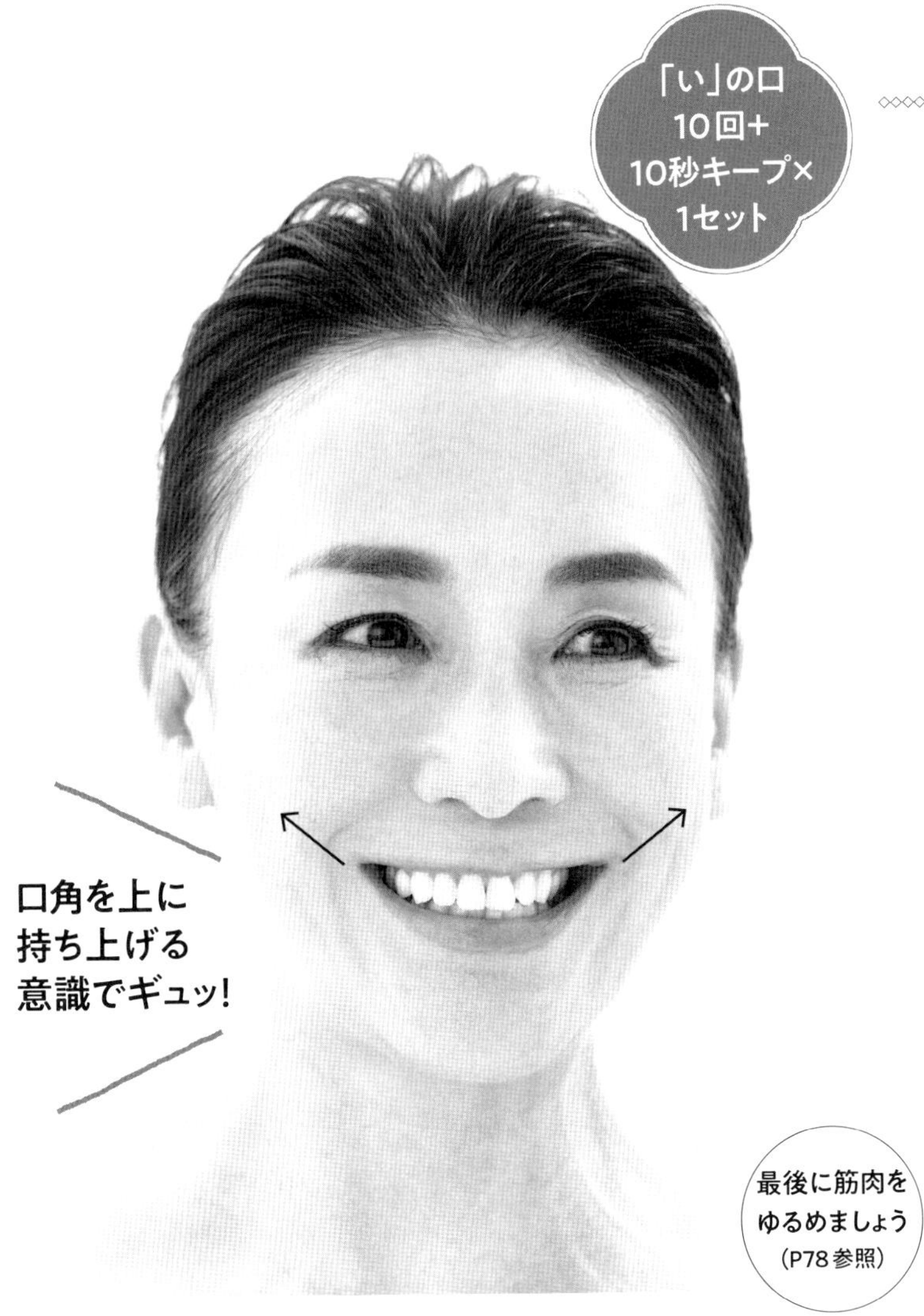
「い」の口
10回＋
10秒キープ×
1セット
口角を上に
持ち上げる
意識でギュッ!
最後に筋肉を
ゆるめましょう
（P78参照）

「い」の口

口角が下がってきた

年齢とともに下がる口角。間延びして老け顔に見えるだけでなく、への字な口元は幸せ感がありません！　首の筋肉まで使うくらい、「い」の口をしっかりとして、戻します。口の回りの筋肉を鍛え、口角が引き上がることで、フェイスラインもリフトアップ。「い」の口を10回くりかえしたら、そのまま10秒キープ。

「ムンクの叫び」顔

ほうれい線を消したい

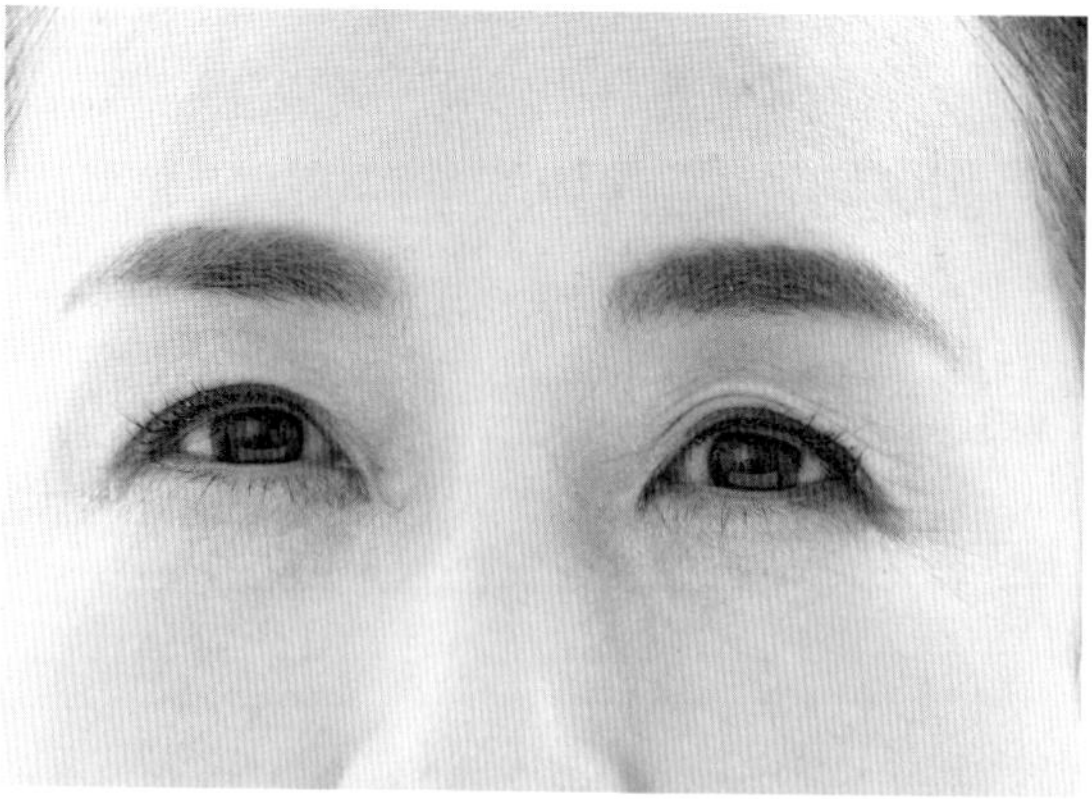

目の下の筋肉をピクピクピクッと動かすように意識

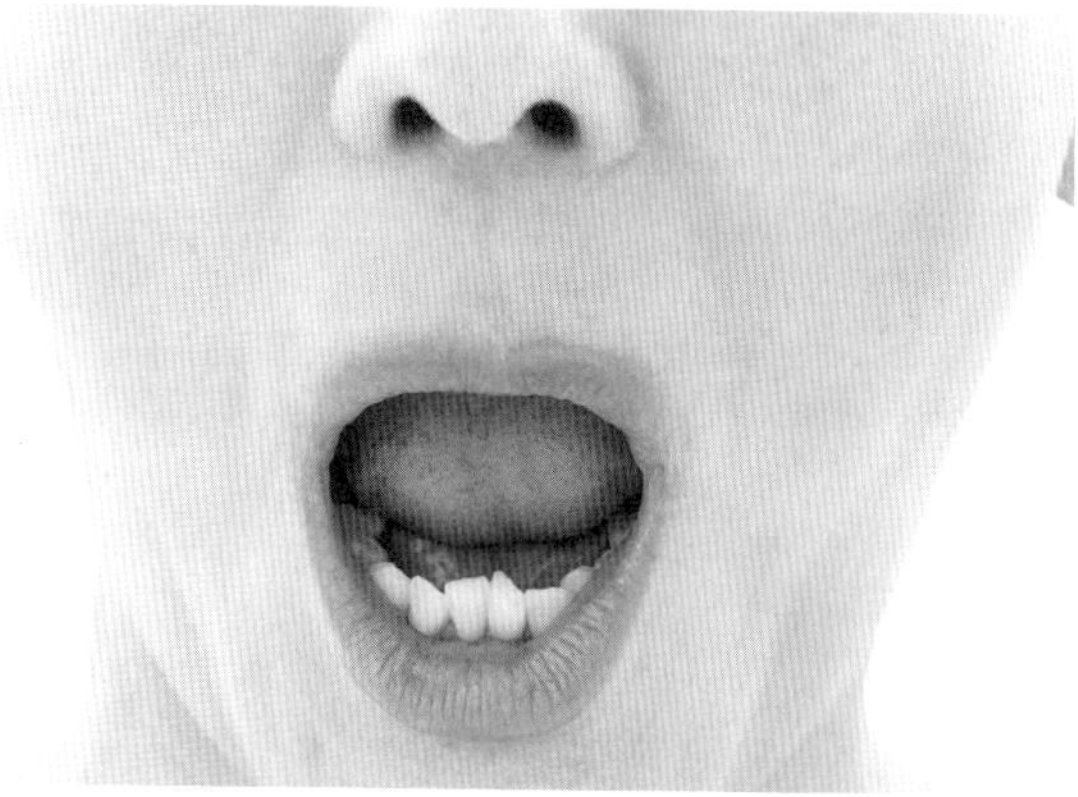

ほお骨から目尻にかけての筋肉全体を動かす

目の下からほうれい線までの顔の筋肉全体を引き上げます。鼻の下を伸ばし、上唇で上の前歯を隠すようにしながら口を開けほうれい線を伸ばし、「ムンクの叫び」顔をつくります。ほお骨から目尻にかけての筋肉をピクピクピクッと動かすと全体が連動し、顔のインナーマッスルまで刺激。10回ピクピクさせ、最後に10秒キープ。

10回
ピクピク+最後
10秒キープ
1セット

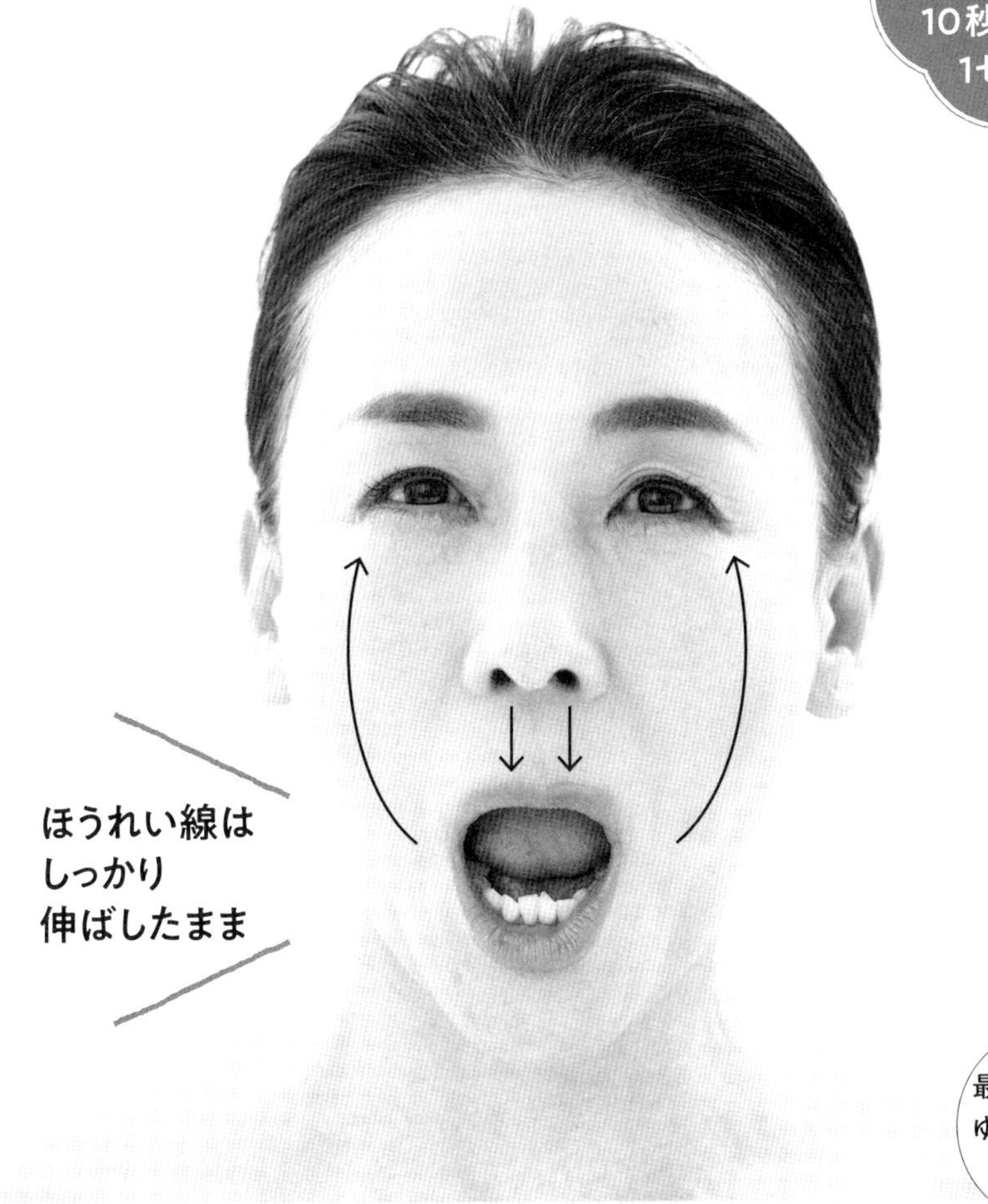

ほうれい線は
しっかり
伸ばしたまま

最後に筋肉を
ゆるめましょう
（P78参照）

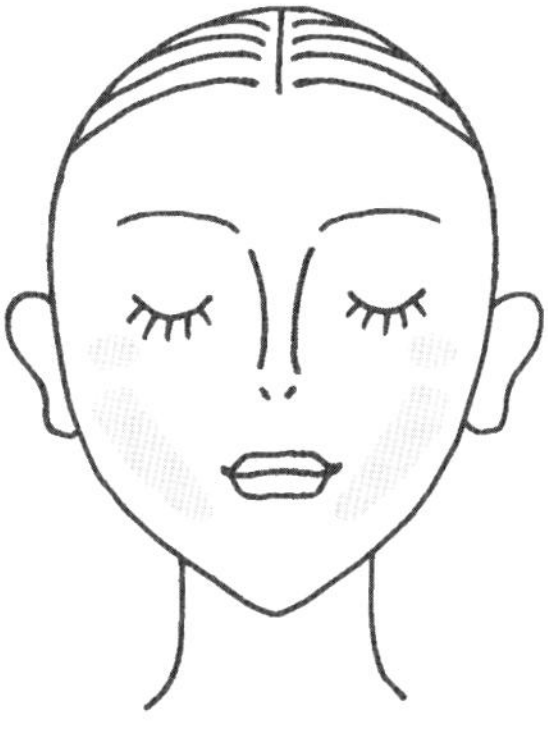

ここを動かす！

唇「ぷー」

顔筋トレの仕上げに脱力、柔らかい筋肉を育てます

顔も体と同じで、トレーニングした後は緩めてあげることで、しなやかな筋肉になります。筋肉が硬直していると、下垂につながることもあるので、顔筋トレ後は必ず行って。5秒程かけて、ひと息吐きながら、プルプルプルーと唇を震わせ脱力するを2〜3回。うまくできない場合は、筋肉がこわばっているので、左右の口角を指で押さえ、同様に息を吐くと簡単にできます。

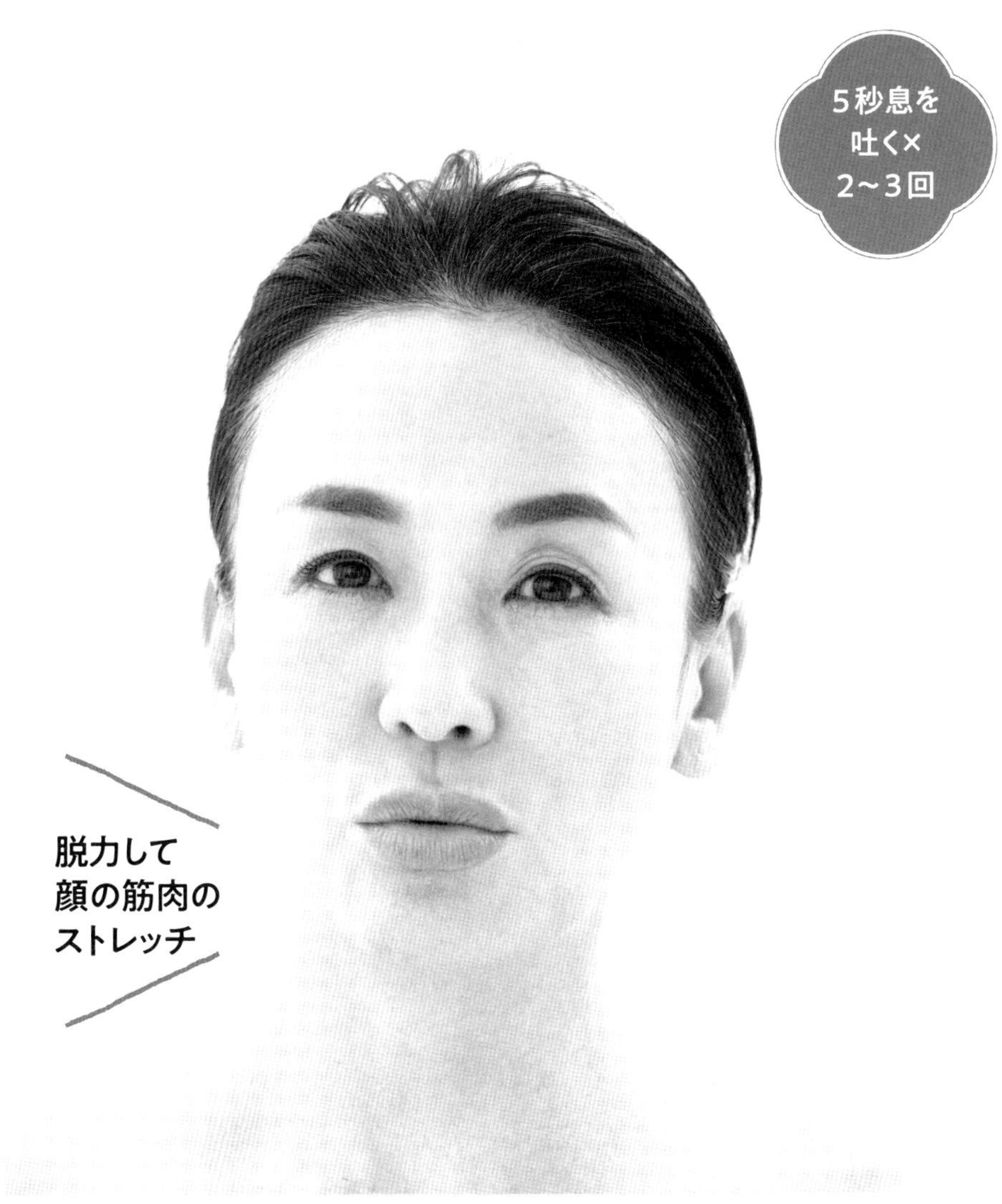
5秒息を
吐く×
2〜3回
脱力して
顔の筋肉の
ストレッチ

P74「え」の口、P75「い」の口、
P76「ムンクの叫び」顔の後は、
最後に必ず唇「ぷー」でゆるめましょう。

耳くるくる

顔筋トレの締めに、毒素を流してスッキリむくみのない顔

人差し指と中指で耳下の
リンパ節を挟む
人差し指と親指で、耳をつまむ

顔筋トレ後は顔の血流が活発なので、たまっている毒素を血流にのせて流し排出。筋トレと相乗効果でキレイに。人差し指と中指で、耳のつけ根にある顔のリンパ節をグッと挟んで押さえ、後ろ回りに10回転させます。その後、耳には体のつぼがたくさんあるので、上から下へ5カ所、親指と人差し指でつまんで指圧。毒素を滞らせず流し、表情はスッキリ、肌はクリアに。

第4章

習慣化で、ファンデいらずの素肌美人に！

老け顔になる悪い習慣

特別なことで一時的に効果を出しても、その力が切れてしまったら元に戻ってしまいます。しかし、自分でやれることを習慣化して肌の奥底から、または体の内側から改善された美しさは、揺らがずに維持され、相乗効果も生み出します。私のメソッドを毎日実践しながら、同時に「老け顔になる悪い習慣」をやめ「美肌をつくるよい習慣」を続けることで、誰にも負けない真実の美＝ＴｒｕｅＢｅａｕｔｙを、年齢に関係なく手にすることができるはずです。

✕1 ファンデーションを塗る

「毛穴が開いてきた……」と悩んでいる女性は本当に多いですが、最大の原因はファンデを塗ること。ファンデを塗れば塗るほど、毛穴が開き、皮膚が延び、たるみの原因に。広がった毛穴を隠そうとして、さらにファンデを塗るので、もっと毛穴が開くという悪循環。欠点をカバーするためのファンデが、実は別の欠点を招いていることに気づきましょう。この本のメソッドで、顔の悩みは徐々に改善されます。私のところにくる幅広い年齢層の生徒さんも、多くの方がファンデをキッパリやめ、オバサン顔から卒業しています。

私もファンデは塗らず、紫外線による光老化防止のため、日焼け止めは1年中必ず使い、その上にポイントメイクだけ。マイナス15歳顔ならそれだけで十分、華やかな洋服を着ても決して負けません。

日焼け止めはノンケミカルでSPF30〜50のものがおすすめ。「いきなりファンデをやめられない！」と思うなら、まずはBBクリームに変えたり、気になるシミだけコンシーラーを塗るなどして、徐々に慣れていきましょう。ファンデは、塗らなければいけないという思い込みや、お出かけや出勤のためのスイッチになっている場合が多いもの。私はファンデなしが普通なので、ポイントメイクをするだけでスイッチが入ります。そして、ファンデを塗っている人より、肌がキレイですねとほめられ、大好きなファッションは大胆に楽しみます。テレビに出演しても照明に負けない顔です。

2 ストレス

その人の性格が、歳をとればとるほど顔に出る、と聞いたことはありませんか？　ストレスの渦中は、誰でも顔がこわばっています。表情は口角が下がり、まさに老け顔。反対に楽しく笑っているときは、頬の筋肉や口角が上がり、若々しい印象。長期間ストレスを抱えていると、その顔になる筋肉を使い続け、老け顔が形状記憶。恐いですね。幸せに感じられることや楽しい時間をたくさん作り大いに笑って、笑顔に使う表情筋を日々の生活で形状記憶してください。

最近私は、子供が独り立ちしたので毎日の食事に対する考えが変わり、「子供が好きな物」ではなく、「自分の食べたい物」を考えるようになり、気持ちが楽になりました。小さな変化ですので、ストレスが軽くなったとは意識もしていませんでしたが、いつも私を担当しているヘアメイクさんに、「最近顔がおだやかになりましたね。何かいいことでもありました？」と言われて、気がつきました。

小さな変化でも表情に現れ人に伝わるもの。顔の造作も大切ですが、幸せ顔の形状記憶、したいですね。

3 スマホ依存

現代社会は「スマホ顔」が蔓延しています。歩きスマホに電車スマホ、この光景を見ない日はありません。電車に乗ったら車両の全員がスマホを見ていて、ギョッとしたことも。海外に行くと街なかでスマホをいじっている人をほとんど見かけません。スマホをここまでいじっているのも日本ならではです。

スマホを見ているときは無表情。猫背で下を見ているため顔は下がり、眉間にシワを寄せるなど表情は険しくなりがち。まさに老け顔でじっとしているので要注意です。スマホ以外にも、パソコンやタブレットなどＩＴ機器とは離れられない社会。無表情で画面を見続ける時間が長くなっています。自覚がある人は、顔筋トレで休憩！　老け顔のリセットに、リフレッシュに、効果的です。

美肌をつくるよい習慣

① 睡眠で成長ホルモン分泌

私は早寝で、22〜23時には就寝。忙しくて家事が残っていても、翌日早起きして片付けるようにし、入眠時間を守ります。22〜2時の間の睡眠は、「成長ホルモン」が分泌されるゴールデンタイム。全身の老化現象を抑え、病気を防ぎ、太りにくい体をつくり、骨を丈夫に……全身の美と健康のパワーを高める「成長ホルモン」の力を利用しない手はありません。でも、年齢とともに分泌が減少してしまうから貴重です。寝る3時間前には食事をやめないと、成長ホルモンは分泌されにくくなるので、22時に床につきたいなら、19時までには食事を終えましょう。

寝る前もスマホをいつまでもだらだら見るのが、1日の終わりの儀式と化している人が多いはず。スマホは入眠を妨げます。食事、スマホ、習慣を少しだけ切り替えて、体に備わっている美と健康のサプリをしっかり享受しましょう。

② 酵素をたっぷり

食事は楽しみのひとつ。夕食では大好きなワインもいただきます。もちろん、ポリフェノールたっぷりな赤ワインをチョイス。夕食は、炭水化物は食べず、ヒレ肉、発酵食品、刺身、野菜など生の食材でメニューを構成。朝は酵素ドリンクとフルーツが主体です。ここで意識しているのは酵素。食べ物から摂った栄養素を消化・吸収し、細胞を入れ替え、組織を修復するなど、すべての代謝に関わっています。年齢とともに生成量が減少するので、生の食品から良質な酵素を摂り入れ、体内の酵素を十分に補充する必要があるため、毎日たっぷり食べています。カロリーも自然と控えめになります。

フルーツの糖分はよくないと言う人もいますが、生のフルーツには酵素や食物繊維がたっぷり。ビタミン、ミネラル、ポリフェノールなどの抗酸化物質やファイトケミカルの働きで血糖値を上げません。摂ってはいけない糖分は、精製された白い砂糖です。

3 サプリを上手に使う

私は、オーソモレキュラーという栄養療法を使い、自分に不足している栄養素を分析してもらい、オーダーメイドで不足している栄養素を補うサプリメントを注文。お気に入りのピルケースに入れ、外出先にも持参し、毎日必ず摂取しています。栄養素が満たされ、すべての細胞の働きを向上させるので、肌は当然のこと、体の機能をトータル的に向上させます。興味がある方は、ぜひ検査を受けてみてください。

あるいは、私が今気に入っている、美肌づくりにおすすめの栄養素があるので、よかったら試してみてください。たんぱく質、ヘム鉄、ビタミンC。この3つを一緒に摂取することで、体の中でコラーゲンが生成されます。市販のコラーゲン商品とは違い、確実に体の中で生成される方法です。私の場合は毎朝、酵素ドリンクに大豆プロテインを入れ、ココナッツオイルやエゴマ油をプラスして飲んでいます。そこに、サプリで、ヘム鉄とビタミンCも加え、フルーツを食べるのが朝の習慣。美肌に欠かせないコラーゲンは、若い頃は体内で生成されますが、加齢とともに生成されにくくなるので、こうして補充してあげることが必要です。

ビタミンCは水溶性ビタミンで、すぐに尿から排出されてしまうので、体内で一定に保つため、日中5〜6回に分けて飲んでいます。

たんぱく質は肌、筋肉、酵素、ホルモン、代謝……あらゆる体の構成要素であり、機能を調節。大切な役割を果たしています。だからお肉を頻繁に食べ、粉末プロテインをプラスしています。その私でも、検査するとたんぱく質が不足気味。食べ物から摂取できる量は限られているので、ぜひ粉末プロテインも利用してみてください。

4 スキンケアの合間に顔筋トレ

顔筋トレも、毎日続けることが大切です。私は、スキンケアで、化粧水、美容液、クリームなどを順番に塗る間に入れて行っています。化粧品はひとつひとつ時間を置き、浸透するのを待ってから次を塗った方が、効果が高まることをご存知ですか？　待っている1分ほどの間に顔筋トレをはさむと時間的にもピッタリ。血行がよくなり、浸透もアップ。毒出し顔トレ同様、無理なく、顔筋トレを習慣化できます。

おわりに

女性に生まれたあなたに、
女性であることを
年齢に関わりなく、いつまでも楽しんでほしい。
美を失うたびに、自信まで失い、
「歳だから」という言葉で
何かをあきらめていくのは、悲しいこと。
あなたは美と一緒に、「自信」も「欲しいもの」も
まだまだ、手に入れることができる。
歳をとることは恐いことではなく、もっと輝くチャンス。
美容液は、高価な化粧品より
毎日の習慣のなかにあることに、気づいてほしい。
思い込みを捨てて、やってみて。

女性の人生は、出産、子育てと、変化するライフステージの中で、
自分のことが後回しになりがち。
ある日、鏡を見て老けた顔にがっかりしたなら
そのときこそ、未来を変えるチャンス。
自分の顔をいつくしみ、
大切にケアしてあげると
必ず輝き出す。
少しの努力を惜しまずに
「1分間毒出し顔トレ」、「顔筋トレ」で
揺らぐことのない美しさと、
オシャレ、仕事、恋……
あなたの幸せを、すべて手にしてください。

Micaco

Staff

構成　金子美智子
撮影　冨永智子
ヘア&メイク　遠藤芹菜
イラスト　sino
デザイン　宇都宮三鈴

Profile

Micaco（ミカコ）

1967年生まれ、ボディライン・アーティスト。自身の17キロもの産後太りの経験から、独自の骨盤矯正メソッド「インスパイリング・エクササイズ」を考案。主婦・OL・妊産婦を含む多くの女性たちを対象にレッスンやセミナーを行う一方、女優・モデル・タレントのパーソナルトレーナーとしてもボディメイキング指導にあたる。著書に『アンチエイジ・インスパ　たるまない身体は下半身でつくる』『胸は落とさない！下腹ペタンコダイエット』などシリーズ累計50万部突破。

公式サイト　http://inspiring-micaco.com/

「１分間毒出し顔トレ」
のコツが動画でも
見られます！

脱《だつ》・オバサン顔《がお》！
1分間毒出《ぷんかんどくだ》し顔《がお》トレ

2019年10月30日　第1刷発行

著者　Micaco《みかこ》

発行者　茨木政彦
発行所　株式会社 集英社
〒101-8050 東京都千代田区一ツ橋2-5-10
電　話　編集部 03-3230-6068
読者係 03-3230-6080
販売部 03-3230-6393（書店専用）

印刷所　大日本印刷株式会社
製本所　株式会社ブックアート

定価はカバーに表示してあります。造本には十分注意しておりますが、乱丁・落丁（本のページ順序の間違いや抜け落ち）の場合はお取り替えいたします。購入された書店名を 明記して、小社読者係へお送りください。送料は小社負担でお取り替えいたします。ただし、古書店で購入したものについてはお取り替えできません。本書の一部あるいは全部を無断で複写・複製することは、法律で認められた場合を除き、著作権の侵害となります。また、業者など、読者 本人以外による本書のデジタル化は、いかなる場合でも一切認められませんのでご注意ください。

集英社ビジネス書公式ウエブサイト　http://business.shueisha.co.jp/
集英社ビジネス書公式Twitter　https://twitter.com/s_bizbooks（@s_bizbooks）
集英社ビジネス書Facebookページ　https://www.facebook.com/s.bizbooks

©Micaco 2019 Printed in Japan
ISBN978-4-08-786120-4　C2077